Anonymous

Ausstellung der Königliche Akademie der Künste

Anonymous

Ausstellung der Königliche Akademie der Künste

ISBN/EAN: 9783743323780

Hergestellt in Europa, USA, Kanada, Australien, Japan

Cover: Foto ©Thomas Meinert / pixelio.de

Manufactured and distributed by brebook publishing software (www.brebook.com)

Anonymous

Ausstellung der Königliche Akademie der Künste

54. AUSSTELLUNG

DER

KÖNIGLICHEN

AKADEMIE DER KÜNSTE

ZU

BERLIN

1880.

BERLIN
VERLAG VON RUD. SCHUSTER.

Inhalt.

Zur Chronik der Akademie . . . . S. III
Erklärung der Zeichen . . . . „ XXX
Plan der Ausstellungsräume . . . . „ XXXII
Verzeichniss der ausgestellten Werke:
    I. Gemälde . . . . „ 1
    II. Aquarellen und Zeichnungen . . . . „ 66
    III. Kupferstiche, Lithographieen und Holzschnitte . „ 71
    IV. Bildwerke . . . . „ 81
    V. Architektur . . . . „ 91

Zur Chronik der Akademie.

Vom August 1879 bis August 1880.

Als Präsident der Akademie fungirte auch während des letztverflossenen Jahres der Geheime Regierungs-Rath Hitzig, nachdem dessen Wiederwahl laut Allerhöchster Ordre vom 7. Juli 1879 die Bestätigung Seiner Majestät des Kaisers und Königs erhalten hatte. Desgleichen fand ein Wechsel in der Person des Stellvertreters des Präsidenten (Professor Carl Becker) und des Vorsitzenden der musikalischen Sektionen des Senats und der akademischen Mitglieder-Versammlung (Ober-Kapellmeister Taubert) nicht statt.

Dagegen trat in dem Personal-Bestand der musikalischen Sektion des Senats insofern eine Veränderung ein, als an Stelle des statutengemäss am 1. Juli ausgeschiedenen Königlichen Musikdirektors Professor Schneider der Königliche Professor und Direktor der Sing-Akademie Martin Blumner von der musikalischen Sektion der akademischen Mitglieder-Versammlung zum Senats-Mitglied gewählt und als solches für die Zeit vom 1. Juli d. J. bis Ende Juni 1883 Seitens des Herrn Ministers bestätigt ist. Die statutenmässig am 1. Juli d. J. aus der Senats-Sektion für die bildenden Künste ausgeschiedenen Senatoren, Geheime Regierungsrath Hitzig, Professor Menzel und Professor Siemering, sind Seitens der akademischen Mitglieder-Versammlung von Neuem auf drei Jahre in den Senat gewählt.

Aus dem Kreise ihrer ordentlichen Mitglieder verlor die Akademie durch den Tod während des letzten Jahres vier einheimische und sechs auswärtige Mitglieder, deren wir hier unter Mittheilung einiger biographischer Notizen gedenken, welche wenigstens zum Theil den leider nur von einigen der Heimgegangenen selber bei ihrer Aufnahme in die Akademie niedergelegten Lebensabrissen entnommen sind.

1. Am 29. September 1879 starb in Rom der Bildhauer Professor

Emil Wolff,

am 2. März 1802 in Berlin geboren, ein Neffe und Schüler Gottfried Schadow's. Derselbe erhielt seine Bildung auf der hiesigen Akademie und ging, unterstützt von einem Staatsstipendium, bereits im Jahre 1823 nach Rom, woselbst er sich bald ein eigenes Atelier einrichtete und bis zu seinem Tode verblieb. Mit unserer Akademie, welche ihn im Jahre 1832 zu ihrem auswärtigen Mitglied wählte, blieb er in fortgesetzter engerer Verbindung, indem er von der Regierung mit Wahrnehmung der Interessen der Stipendiaten der Akademie sowie der akademischen Kunstausstellungen betraut wurde. Durch die Arbeiten, mit denen er ziemlich regelmässig unsere Kunstausstellungen beschickte, sowie durch seine Schlossbrückengruppe (Nike, den Knaben auf die Helden der Geschichte hinweisend), ist er hier auch dem grösseren Publikum rühmlich bekannt geworden. Seine bildnerischen Darstellungen bewegen sich meist auf dem Gebiete der griechischen Mythe und des idealen Genres. Eine seiner Hauptarbeiten „Judith" erwarb die National-Galerie. Noch die vorjährige Kunstausstellung beschickte er mit einem grösseren in Marmor ausgeführten Bildwerk „Sappho". Eine seiner beliebtesten Arbeiten und vielfach wiederholt ist wohl die aus dem Jahre 1833 stammende Figur des jugendlichen Fischers. Von seinen sonstigen Arbeiten nennen wir hier „Hebe und Ganymed", „Thetis, welche dem Achilles die Waffen überbringt", „Jephtha und seine Tochter", „Die Amazonengruppe", „Achill am Grabe des Patroclus", die „Nereide", die Statue des „Paris". Besonders geschätzt sind ferner seine Büsten von „Thorwaldsen", „Niebuhr" und „Bunsen". Die deutschen Künstler in Rom haben in ihm einen liebenswürdigen, stets zu Rath und Hilfe bereiten Freund verloren, dessen gastfreies Haus, namentlich in früheren Jahren, einen interessanten Mittelpunkt für geistig bedeutende Persönlichkeiten aller Nationen bildete.

2. Am 14. Oktober 1879 wurde durch einen plötzlichen Tod der Königliche Hof-Kapellmeister

Carl Eckert

seiner bis zum letzten Augenblick mit Eifer betriebenen Wirksamkeit entrissen. Carl Anton Florian Eckert wurde am 7. Dezember 1820 zu Potsdam geboren, woselbst sein Vater Wachtmeister bei den Garde-Ulanen war. Der als historischer Schriftsteller und Dichter bekannte Hofrath Friedrich Förster nahm sich des frühverwaisten talentvollen Knaben an, der in der Musik so rasche und erstaunliche Fortschritte machte, dass er mit 6 Jahren für ein musikalisches Wunderkind gelten konnte. 1830 wurde Eckert Zelter's, später Rungenhagen's Schüler; seine erste Oper schrieb er mit 10, sein erstes Oratorium mit 13 Jahren. Spontini, der sich für das ausserordentliche Talent des jungen Mannes interessirte, war Veranlassung, dass Eckert sich der dramatischen Komposition mit besonderem Eifer zuwandte; eine zweite Oper aus dem Jahre 1837 und eine dritte aus dem Jahre 1840 kamen auf dem Königstädtischen Theater zu Berlin zur Aufführung. 1840 und 41 studirte er noch unter Mendelssohn in Leipzig; ein Oratorium „Judith" brachte 1841 die Singakademie in Berlin zur Aufführung. Nach Mendelssohn's Urtheil zur vollen Meisterschaft herangereift ging Eckert 1841 nach Paris. Ein Stipendium des Königs Friedrich Wilhelm IV. ermöglichte ihm eine zweijährige Kunstreise nach Italien. Zurückgekehrt nach Berlin schrieb er seine bedeutendste Oper „Wilhelm von Oranien", die am 12. November 1846 mit grossem Erfolge zum ersten Mal in Scene ging. Die politischen Unruhen des Jahres 1848 veranlassten ihn zu neuen Reisen. Er begab sich nach Holland, führte im Haag den „Wilhelm von Oranien" unter lebhaftem Beifall auf, und ging dann nach Paris. Hier als Komponist eine Stellung zu erringen, wollte ihm nicht recht glücken. Er entschloss sich 1851, Akkompagnist bei der Italienischen Oper in Paris zu werden, und rückte, nachdem er inzwischen mit Henriette Sontag eine Kunstreise nach Nord-Amerika gemacht hatte, 1852 in die Kapellmeisterstelle bei der italienischen Oper ein. Im Jahre 1853 siedelte er nach Wien über, wurde 1854 Kapellmeister, später auch Verwaltungsdirektor des dortigen Hof-Operntheaters, und hat sich um die musikalische Hebung sowohl dieses Instituts als auch der philharmonischen Konzerte grosse Verdienste erworben. Im Jahre 1860 gab er jedoch seine Stellung in Wien auf, um ein Jahr später Königlicher Kapellmeister in Stuttgart zu werden. Seit 1869 bis an seinen Tod wirkte er als Kapellmeister der Königlichen Oper in Berlin.

Ausser den schon erwähnten Kompositionen schrieb Eckert mehrere Symphonieen, eine Festouverture, ein Violoncell-Konzert, Kammer- und Klavier-Musik und namentlich eine Anzahl von ansprechenden Liedern.

Seit dem Jahre 1875 gehörte er unserer Akademie als ordentliches Mitglied an.

3. Am 11. Dezember 1879 starb zu Karlsruhe der Bildhauer Professor

Carl Steinhäuser,

geboren zu Bremen am 3. Juli 1813, seit dem Jahre 1847 ordentliches Mitglied unserer Akademie.

Ein Schüler Rauch's, in dessen Atelier er im Jahre 1831 Aufnahme fand, wurde er durch ein Stipendium von Seiten mehrerer kunstliebender Bremer, deren Aufmerksamkeit er durch die in Rauch's Atelier gearbeitete Marmorfigur eines „Krebse fangenden Knaben" auf sich gezogen hatte, in den Stand gesetzt, im Jahre 1835 nach Rom zu gehen, um sich im Studium der Antike weiter auszubilden. Hier führte er mehrere in Rauch's Atelier entworfene Skizzen in Marmor aus, namentlich die Statue eines „Mädchens", welches auf das Rauschen einer Muschel horcht, eine Gruppe „Hero und Leander", ferner das

„Mädchen mit der Leier", den „Violinspieler", den „angelnden Fischerknaben" u.s.w. Der Beifall, den diese Arbeiten fanden, verschaffte ihm den Auftrag zur Ausführung der Kolossalstatue des „Astronomen Olbers" für das demselben in seiner Vaterstadt Bremen zu errichtende Denkmal. Dieser Arbeit folgte die Gruppe „Göthe und Psyche" nach der Idee der Bettina von Arnim (1855), die Gruppe des „heiligen Ansgarius" (1859), eine „Mignon" (1860) u. A. Unter seinen letzten Arbeiten ragt besonders die Marmorgruppe „Hermann und Dorothea" im Schlossgarten zu Karlsruhe hervor.

4. Am 4. Januar 1880 starb in Venedig
Anselm Feuerbach,
geboren am 18. September 1829 in Speier, ein Sohn des Professors der Archäologie Anselm Feuerbach, seit dem Jahre 1874 ordentliches Mitglied unserer Akademie.

Seine erste Schulbildung erhielt der Knabe auf dem Lyceum zu Freiburg im Breisgau, wohin sein Vater im Jahre 1836 als Universitäts-Professor berufen wurde. Der Ernst seiner Natur offenbarte sich seit früher Kindheit in der Neigung zu künstlerischen Beschäftigungen. Zeichnen und Modelliren betrieb er mit einem Eifer, der unverkennbar den innern Beruf ankündigte. Noch vor Abschluss der Gymnasialstudien wurde er im Jahre 1845 von seinem Vater zur Akademie nach Düsseldorf entlassen, wo er bis zum Jahre 1848 meist unter spezieller Leitung des Direktors Schadow mit regstem Fleiss, jedoch wenig befriedigt von dem damaligen Geist der Düsseldorfer Schule, künstlerischen Studien oblag. Auf einen kürzern Aufenthalt in München, wo er sich hauptsächlich an

Rahl anschloss, folgte ein Studienjahr in Antwerpen und dann im Jahre 1851 seine Uebersiedelung nach Paris. Hier trat er zunächst in das Atelier Couture's ein, verliess dasselbe aber schon nach einem halben Jahr wieder und begann, ohne sich an einen bestimmten Meister anzuschliessen, selbstständig zu schaffen. Deutlich erhellt aus diesem steten Wechsel, wie wenig klar sich der Künstler damals noch über die einzuschlagende Richtung gewesen. Immerhin verdankt er der Französischen Schule den Eifer für die Naturstudien, der ihn seitdem beseelte, sowie die Neigung zur feinen Durchbildung der Form, die immer mehr in seinen Arbeiten hervortrat. Er selber bezeichnete es als ein Glück, „aus der deutschen Spitzpinselei zur pastosen Behandlung und grossen Anschauung hinüber geführt zu werden". Die Bilder „Hafis in der Schenke" und „Aretins Tod" gehören dieser Zeit an. In Paris traf ihn die Nachricht von dem Tode seines Vaters, in Folge dessen er im Jahre 1854 den pariser Studienaufenthalt abbrechen und nach Karlsruhe zurückkehren musste. Nach einem kurzen, durch mancherlei Misserfolge getrübten Aufenthalt in der Heimath ermöglichte ihm ein Stipendium der badischen Regierung die Reise nach Venedig. Hier kopirte er die „Assunta" des Titian und vollendete ein selbstkomponirtes Bild „Die musikalische Poesie"; beide Arbeiten gefielen jedoch in Karlsruhe, wohin er sie geschickt, so wenig, dass man sich veranlasst fühlte, dem Künstler das Stipendium zu entziehen. Mit geringer Baarschaft versehen und von den drückendsten Sorgen um das tägliche Brod nur durch die unermüdliche Aufopferung seiner hochherzigen Stiefmutter geschützt, wandte sich Feuerbach nunmehr nach Italien, und verblieb zunächst wiederum ein Jahr in Venedig und Florenz, um dann für nahezu 14 Jahre in Rom seinen Wohnsitz und sein Atelier aufzuschlagen. Hier in vertrautem Umgang mit der Antike und den Meistern des Cinquecento bildete sich sein Stil langsam aber sicher fortschreitend zu jener Strenge und einfachen Grösse aus, die wir an seinen späteren Bildern schätzen. Auf das schon im Jahre 1857 vollendete Bild „Dante mit edlen Frauen in Ravenna" folgte „Dante's Tod", „Die Pietà", „Ariosto". „Petrarca, welcher Laura zum ersten Mal in der Kirche sieht", „Francesca von Rimini" u. s. w.

Aber seine eigenste Physiognomie erhielt Feuerbach erst durch die Schöpfungen der Periode, in welcher er sich ganz der Darstellung der Antike zuwandte. Wir erinnern hier nur an „Das Gastmahl des Plato", „Orpheus und Euridice", „Medea", „Das Urtheil des Paris", die beiden Darstellungen der „Iphigenia" u. s. w.

Dem Aufenthalt in Rom setzte die im Herbst des Jahres 1872 Seitens der österreichischen Regierung an Feuerbach ergangene Berufung zum Professor der Meisterschule für Historienmalerei an der Akademie der bildenden Künste zu Wien ein Ziel. Im Frühjahr 1873 trat er das Amt an, nachdem er noch vorher sein kolossales Gemälde „Die Amazonenschlacht" vollendet hatte, und widmete sich mit jugendlichem Eifer der neuen Lehrthätigkeit; bald aber folgten bittere Enttäuschungen mancherlei Art. Schon nach drei Jahren gab er die Wirksamkeit in Wien wieder auf und kehrte, nachdem er eine heftige Krankheit anscheinend glücklich überstanden, nach seinem alten Lieblingsaufenthalt Venedig zurück, wo er eins seiner letzten Bilder „Kaiser Ludwig der Bayer empfängt die Huldigung der Nürnberger", und das zum Deckengemälde des grossen Saals der Antikensammlung in dem neuen Akademie-Gebäude zu Wien bestimmte Bild „Der Titanensturz" schuf. Die jüngst von kundiger Hand in unserer National-Galerie veranstaltete Ausstellung seines künstlerischen Nachlasses gewährte eine klare Anschauung von dem Entwickelungsgang und dem vielseitigen Streben des reichbegabten Künstlers, dem ein hervorragender Platz in der Reihe der deutschen Meister gesichert bleiben wird, welche mit Erfolg bestrebt gewesen sind, die klassische Form des Alterthums mit modernem Geist zu durchdringen.

5. Am 22. Februar 1880 starb zu Berlin der Kupferstecher

Josef Caspar,

seit dem Jahre 1837 ordentliches Mitglied unserer Akademie und später als Bibliothekar bei derselben angestellt. Josef Anton Johann Nepomuk Caspar wurde am 17. Februar 1799 zu Rohrschach im Kanton St. Gallen geboren, verlor bereits in frühester Jugend seine Eltern durch den Tod und erhielt seinen ersten Unterricht auf dem Militärischen Gymnasium zu St. Gallen. Mit 15 Jahren wurde der Knabe, welcher frühzeitig Talent zum Zeichnen an den Tag legte, von seinem Vormund nach Mailand auf die Zeichenschule der dortigen Akademie geschickt, die er bereits im folgenden Jahre verliess, um sich nach Rom zu begeben, wo er durch Vermittelung eines wohlhabenden Gönners auf die Schule von San Luca gebracht wurde. Die Bekanntschaft mit Wilhelm Schadow, welche er im Frühjahr 1818 auf einer Fahrt nach Albano zufällig machte, wurde für die Richtung seines ganzen Lebens entscheidend. Mit Bewilligung Schadow's kam er zu Ende des Jahres 1820 nach Berlin, besuchte hier den Aktsaal der Akademie und machte im folgenden Jahre unter Buchhorn's Leitung die ersten Versuche, in Kupfer zu radiren. Durch Beuth's Protektion in den Stand gesetzt, im Jahre 1823 noch einmal nach Mailand zu gehen, setzte er seine Studien unter der Anleitung der Professoren Longhi und Anderloni fort und vollendete während seines dortigen dreijährigen Aufenthalts u. A. drei grössere Platten für das von Beuth veranstaltete Werk „Vorbilder für Fabrikanten und Handwerker". Im Juli 1826 nach Berlin zurückgekehrt, begann er den Stich des „Merkur" von Thorwaldsen, den dieser bei ihm in Mailand bestellt hatte. Im Jahre 1835 erschien sein Kupferstich „die Tochter Titian's"; es folgten „Thomas von Savoyen, Prinz von Carignan" nach A. van Dyck, „die heilige Barbara" nach Boltraffio, „St. Antonius" nach Murillo u. A. Seine letzte Arbeit war der Stich des Bildnisses von „Felix Mendelssohn-Bartholdy" nach Hensel, denn schon im Jahre 1847 musste er wegen eingetretener Augenschwäche seine künstlerische Thätigkeit aufgeben.

Seit der Zeit beschäftigte er sich ausschliesslich mit der Verwaltung seines Amtes als Bibliothekar unserer Akademie, welches ihm im Jahre 1848 übertragen wurde und welches er bis zum Jahre 1876 bekleidete, wo seine Pensionirung wegen zunehmender Kränklichkeit erfolgen musste.

6. Am 23. April 1880 starb in Gotha der Geheime Regierungs- und Baurath a. D.

Gustav Eberhard,
der seit dem Jahre 1869 unserer Akademie als ordentliches Mitglied angehört hat. Ernst Friedrich Gustav Wilhelm Eberhard wurde am 15. Mai 1805 in Coburg geboren, woselbst sein Vater Baukondukteur war. Nach Abschluss seiner Gymnasialbildung wurde er von dem französischen Architekten Reinié-Gretry, welcher im Auftrage des Herzogs Ernst von Sachsen-Coburg den Umbau des Residenzschlosses in Coburg in Gemeinschaft mit Eberhard's Vater ausgeführt hatte, zu Anfang des Jahres 1824 mit nach Paris genommen und trat hier in das Atelier des Architekten Achille le Clerc ein, in welchem er bis zum Herbst 1826 als besonders bevorzugter Schüler seines Meisters arbeitete. Nachdem er sodann in Begleitung des Architekten Reinié eine längere Studienreise durch sämmtliche grössere Städte Italiens gemacht, kehrte er im Sommer 1827 nach Coburg zurück, um auf den Wunsch des Herzogs den Umbau des Schlosses Reinhardsbrunn zur Ausführung zu bringen. Im Jahre 1831 zum Hofbaumeister ernannt, erbaute er während der Jahre 1837 bis 40 das neue Schauspielhaus zu Gotha und später die katholische Kirche, das herzogliche Marstallgebäude, sowie die neue Reitbahn daselbst. Im Jahre 1854 erfolgte seine Ernennung zum Regierungs- und Baurath, wonächst er dem herzoglichen Staatsministerium als technisches Mitglied zugetheilt und im Jahre 1859 zum Geheimen Regierungs- und Baurath ernannt wurde.

Aus der grossen Zahl der von ihm während seiner amtlichen Thätigkeit ausgeführten Neu- und Umbauten erwähnen wir hier ausser den bereits genannten eine Dorfkirche in Gierstädt, eine Kaserne in Gotha, die Gebäude der Feuer- und Lebensversicherungsbanken daselbst und das Jagdschloss Waidmannsheil für den Fürsten Reuss-Ebersdorf.

7. Von ausländischen Künstlern, welche der Akademie als Mitglieder angehört, hat dieselbe das Hinscheiden eines der bedeutendsten Marinemaler der älteren Französischen Schule,

Theodor Gudin,

zu verzeichnen, welcher am 12. April 1880 in Boulogne sur Seine gestorben ist.

Am 2. August 1802 zu Paris geboren, besuchte Gudin zunächst das Atelier von Girodet-Trioson, brach aber bald mit dessen Richtung und gesellte sich neben Géricault und Delacroix den Romantikern zu. Schon 1822 erregten seine Marinen Aufsehen im Salon, im Jahre 1824 erhielt er die grosse goldene Medaille und 1828 das Ritterkreuz der Ehrenlegion für die „Rückkehr der Fischer" und den „Brand des Kent". Mit rastloser Ausdauer und überraschender Produktionskraft stellte er während der Epoche von 1830 bis 1842 eine grosse Zahl namhafter Arbeiten aus.

Im Jahre 1838 wurde er von König Louis Philipp zu Studienzwecken nach Algier gesandt, um die Heldenthaten der französischen Marine für das historische Museum von Versailles in umfangreichen Gemälden zu verewigen; mehr als 80 dieser Bilder wurden ausgeführt, von denen sich der weitüberwiegende Theil zu Versailles befindet. Einen Ausflug nach Berlin unternahm Gudin im Jahre 1844; aus dem folgenden Jahre stammen die beiden im Besitze unserer National-Galerie befindlichen Bilder „Bretonische Küste" und „Schleichhändlerfelucke", welche der Wagner'schen Sammlung angehörten. Die hiesige Akademie ernannte ihn bereits im Jahre 1837 zu ihrem Mitgliede.

8. Am 30. April 1880 verschied zu Berlin der Geschichtsmaler und Professor
Carl Hermann,
seit dem Jahre 1869 ordentliches Mitglied unserer Akademie. Der Verstorbene war geboren am 6. Januar 1802 zu Dresden, besuchte Anfangs die dortige Akademie und bezog dann im Jahre 1822 die Akademie zu München; hier lernte er Cornelius kennen, dem er sich als Schüler anschloss. Schon im folgenden Jahre, nachdem Cornelius als Direktor nach Düsseldorf berufen war, übertrug dieser ihm in Gemeinschaft mit Götzenberger und Förster die Ausführung der Fresken in der Aula der Universität zu Bonn, für welche Hermann die Entwürfe zu machen hatte. Als Cornelius nach München ging, folgte ihm Hermann und führte dort in der Glyptothek und in der Ludwigskirche mehrere Kartons seines Meisters in Fresko aus. Von seinen eigenen Kompositionen aus jener Zeit sind besonders zu erwähnen die Darstellungen an den Gewölbe-Kappen der Ludwigskirche, die Fresken nach Eschenbach's „Parcival" im Königsbau, das Deckengemälde der protestantischen Kirche, die Himmelfahrt Christi darstellend, und eins der Bilder aus der bayrischen Geschichte in den Arkaden des Hofgartens „der Sieg Kaiser Ludwig des Bayern bei

Ampfing". Im Jahre 1841 wurde Hermann nach Berlin berufen, um die Leitung bei Ausführung der Entwürfe Schinkel's für die Vorhalle des alten Museums zu übernehmen, trat aber im folgenden Jahr von dieser Aufgabe zurück, weil er der Ansicht war, dass die malerische Stimmung der Schinkel'schen Entwürfe durch die einfache Technik der Freskomalerei schwerlich werde zum Ausdruck gebracht werden können. In der neu hergestellten Klosterkirche zu Berlin malte er 14 Freskobilder, die Erzväter, die Propheten, die Evangelisten und die Apostel Petrus und Paulus darstellend. Auch bei der Ausmalung der Schlosskapelle betheiligte er sich, indem er die 4 Pfeiler, welche die Altarnische begrenzen, mit den Figuren der 12 Apostel auf Goldgrund schmückte. Sodann führte er in der Kirche zu Oschatz in Sachsen ein grosses Freskogemälde, „die Bergpredigt", aus und zeichnete nach langjähriger Bechäftigung mit der deutschen Geschichte, als die Lieblingsaufgabe seines Lebens einen Cyklus von 15 Blättern aus der deutschen Geschichte, welche zur Herausgabe durch den Stich bestimmt waren und zu Anfang der fünfziger Jahre erschienen. Von da ab bis ein Jahr vor seinem Tode war er unausgesetzt thätig, ein ähnliches Werk für die englische Geschichte herzustellen, dessen Vollendung ihm noch vor seinem Tode gelang.

9. Ausser den Vorgenannten verlor die Akademie vor einigen Wochen eins ihrer berühmtesten Mitglieder, die deutsche Kunst einen ihrer hervorragendsten Meister. Am 5. Juni 1880 starb in Karlsruhe
Karl Friedrich Lessing,
der seit dem Jahre 1832 unserer Akademie als Mit-

glied angehört hat. Lessing wurde am 15. Februar 1808 in Breslau geboren, wo sein Vater, ein Neffe Gotthold Ephraim's, als Gerichtsbeamter lebte, um bald nach des Sohnes Geburt in das schlesische Grenzstädtchen Wartenberg als „Kanzler der Standesherrschaft Wartenberg" versetzt zu werden. Die Erziehung des Knaben war eine äusserst strenge und dem eigenartigen künstlerischen Keim, der in ihm schlummerte, kaum förderlich. Mit 13 Jahren wurde er von dem Katholischen Gymnasium zu Breslau nach Berlin gebracht, um sich dem Wunsche seines Vaters gemäss dem Baufach zu widmen. In Berlin erhielt er den ersten systematischen Zeichenunterricht bei den Professoren Dähling und Rösel. Unter den neuen mannigfachen Anregungen trat seine innere Anlage bald immer siegreicher hervor; er entschied sich für die Malerei und bestand mit jener Charakterfestigkeit, welche ihn während seines ganzen Lebens in allen ernsten Fragen ausgezeichnet hat, das drohende Zerwürfniss mit seinem Vater, der sich mit dem selbstgewählten Beruf des Sohnes erst versöhnte, als dieser 17 Jahr alt, für sein erstes Bild „Kirchhof mit Ruinen" nicht nur allgemeine Anerkennung, sondern auch einen den verlangten Preis noch überbietenden Käufer fand. Im Jahre 1827 folgte Lessing dem zum Direktor der Düsseldorfer Kunstakademie berufenen Wilhelm Schadow nach Düsseldorf, wo er in rastloser, nur durch Studienreisen nach dem Harz und der Eifel zeitweise unterbrochener Thätigkeit bis zum Jahre 1858 lebte, und unbeirrt von Lob und Tadel seinen eigenen Weg gehend unablässig an seiner Vervollkommnung arbeitete. Sich fern haltend von dem unruhigen Schwanken zwischen den verschiedenen Richtungen, Anschauungsweisen und malerischen Manieren grosser Vorbilder, hat er weder den italienischen Boden betreten, noch auch Frankreich trotz des glänzenden Erfolgs, den er im Jahre 1837 in Paris mit seiner „Hussitenpredigt" errang. Der Kreis düsseldorfer Künstler, in welchem er einer der Gefeiertsten war, ist oft genug geschildert; mit Sohn, Bendemann, Hildebrand, Schirmer bildete er den festen Kern der Düsseldorfer Schule, mit deren Glanzzeit sein Ruhm unzertrennlich verbunden ist. Als er im Jahre 1841 mit seiner Gattin den Bund schloss, der sein Leben zu dem reichsten und glücklichsten machen sollte, war sein Haus eins der anregendsten und lebensfreudigsten in dem stets wachsenden Freundeskreis; er war und blieb, auch während heftiger Parteikämpfe in der Künstlerschaft, der Liebling Aller, die langen Jahre hindurch bis zum Jahre 1858, wo er dem an ihn ergangenen Rufe nach Karlsruhe als Direktor der Gemälde-Galerie folgte.

Nachdem Lessing während der ersten Periode seiner Thätigkeit der romantisch-elegischen Anschauung jener Tage in Bildern wie „Das trauernde Königspaar", „Der Räuber", „Leonore" seinen Tribut gezollt, wandte er sich den grossen Geschichtsbildern zu, deren Reihe mit der „Hussitenpredigt" beginnt. Das Verdienst, ihn der Historienmalerei zugeführt zu haben, gebührt zum guten Theil Schadow, der ihn vor dem „geistigen Schwelgen" in Entwürfen und Skizzen warnte, und auch die Veranlassung gab, dass Lessing sich an dem Cyclus von Wandgemälden aus dem „Leben Friedrich Barbarossa's" betheiligte, mit welchem der Graf von Spee einen Gartensaal seines Schlosses Heltorf schmücken liess.

Die geschichtlichen Studien, die er mit dem ihm befreundeten Dichter Friedrich v. Uechtritz trieb, hatten ihn auf das Darstellungsgebiet geführt, welches vor Allem seinen Namen populär machen sollte, indem er seinem Volke die Geschichte des grossen Ringens zwischen Staatsmacht und Papstthum in einer Reihe allbekannter Werke zur Anschauung brachte. Auf die Hussitenpredigt folgten „Ezzelin, von den Mönchen zur Busse ermahnt", „Die Gefangennehmung des Papstes Paschalis durch Heinrich V.", im Jahre 1842 „Huss vor dem Koncil zu Constanz" und neun Jahr später „Huss vor dem Scheiterhaufen", im Jahre 1853 „Luther, vor dem Elsterthor zu Wittenberg die päpstliche Bulle verbrennend", 1853 „Luther, die Thesen anheftend", dann eine lebensgrosse Wiederholung der Gefangennahme des Papstes Paschalis und endlich, nach seiner Uebersiedelung nach Karlsruhe, „Die Kreuzfahrer" und „Die Disputation zwischen Luther und Eck".

Dabei pflegten Landschaften immer die Lücken bis zur nächsten historischen Produktion auszufüllen oder gingen nebenher und gaben stets neues Zeugniss von dem tiefen Ernst, mit welchem sich der Künstler, der zugleich ein leidenschaftlicher Jäger war, in das Studium der landschaftlichen Natur versenkt hatte. Aus der langen Reihe seiner landschaftlichen Dichtungen erinnern wir hier nur an „Den Klosterhof im Schnee", „Die Landschaft mit Brandstätte", „Die tausendjährige Eiche", „Die Gebirgslandschaft an der Mosel mit Klosterkirche", die grosse „Felsenlandschaft", „Die Waldlandschaft mit einem Bache", und vor Allem an die „Landschaft mit Arkebusieren und Landsknechten", welche eine Anhöhe vertheidigen", in welchem letztern Gemälde sich beide Qualitäten des Meisters, sein historischer Sinn und seine Vertiefung in die landschaftliche Natur zur vollsten Entfaltung seines Talents vereinigen.

10. Wenige Tage nach dem Letztgenannten, am 13. Juni 1880, starb zu Berlin der Hof-Architekt Seiner Majestät des Kaisers und Königs, Geheimer Ober-Hof-Baurath Professor

Johann Heinrich Strack,

seit dem Jahre 1849 Mitglied unserer Akademie. Strack wurde am 24. Juli 1805 in Bückeburg geboren, woselbst sein Vater Hofmaler und Professor war. Bis zu seinem 19. Jahre besuchte er das dortige Gymnasium und bezog sodann, um sich dem Studium der Architektur zu widmen, die Bauschule, sowie die Kunstakademie zu Berlin. Nachdem er im Jahre 1825 seine Prüfung als Feldmesser abgelegt, trat er als Hülfsarbeiter und Bauführer in das Atelier Schinkel's ein und erhielt hier seine eigentliche künstlerische Ausbildung, indem er unter dem unmittelbaren Einfluss des Meisters, und bald einer seiner hervorragendsten Schüler, Jahre hindurch bei dessen Entwürfen und Bauausführungen thätig war. Seine erste Beschäftigung in dem Schinkel'schen Atelier bildeten Zeichnungen für die innere Ausstattung von Zimmern, welche der damalige Kronprinz, später König Friedrich Wilhelm IV., für sich im alten berliner Schloss einrichten liess; sodann war er 5 Jahre lang von 1828—1832 bei den Umbauten der Palais' der Prinzen Karl und Albrecht thätig, veröffentlichte im Jahre 1834 in Verbindung mit dem Maler Ed. Meyerheim eine Sammlung reizvoller farbiger Ansichten von Backstein-Bauwerken der Mark Brandenburg und im Jahre 1835 gemeinsam mit Stüler seine Vorlageblätter für Möbel-Tischler. Im Jahre 1839 als Lehrer für Architektur an unserer Akademie und bald darauf auch an der Bau-Akademie angestellt, wurde er 1841 zum Professor ernannt, erhielt 1850 den Titel eines Hofbauraths und wurde zum Mitglied der technischen Bau-Deputation sowie der Prüfungs-Kommission für die Bautechniker ernannt.

Das nähere Verhältniss, in welches es ihm vergönnt war, zu unserem allverehrten Kaiser zu treten, und in dessen speziellem Dienste Strack bis zu seinem Lebensende thätig gewesen ist, knüpft an den Auftrag an, welchen er von dem damaligen Prinzen von Preussen erhielt, die Oberleitung des Fortbau's der noch von Schinkel begonnenen Sommerresidenz Babelsberg zu führen. Hieran schlossen sich später die in langjährigen Zwischenräumen nach einander ausgeführten baulichen Veränderungen in dem ursprünglich von Langhans errichteten Kaiserlichen Palais hierselbst, sowie die Einrichtung des ehemals von dem Hochseligen König Friedrich Wilhelm III. bewohnten unscheinbaren Gebäudes zu einem stattlichen Palais für Seine Kaiserliche Hoheit den Kronprinzen, zu welchem er ebenfalls schon früh in persönliche Beziehungen treten durfte, indem er dessen Zeichenunterricht leitete und denselben auf einer grössern Reise durch Italien und Sicilien begleitete. Aus der Zahl der von ihm ausgeführten Bauten nennen wir hier als seinen ersten bedeutendern Monumentalbau die Raczynski'sche Gemäldegalerie, dann die Petrikirche (1846—50), die Andreaskirche (1853—56), sämmtlich in Berlin, die Villa Borsig in Moabit, das ehemals Bier'sche Haus am Leipzigerplatz hierselbst, sowie die im gothischen Stil ausgeführte Villa Donner in Altona. Im Anfang der sechsziger Jahre, während deren eine Pause in grösseren Bauausführungen eintrat, entstand das gemeinsam mit Hitzig herausgegebene Werk „Ueber den innern Ausbau". Während eines mehrmonatlichen Aufenthalts in Athen, im Jahre 1862, hatte er das Glück daselbst am Fusse der Akropolis die wohl erhaltenen Reste des bisher vergeblich gesuchten Dionysos-Theaters zu entdecken. Die nächsten Jahre brachten die Entwürfe zu Portalen der grossen damals im Bau begriffenen Brücken, der Rheinbrücke zu Köln, der Elbbrücke zu Hamburg und der Weichselbrücke zu Thorn, sowie mehrere Monumente für die Kriegsthaten der Jahre 1864 bis 1871, vor Allem das ursprünglich für den dänischen Feldzug von 1864, dann im erweiterten Maassstabe für den österreichischen und den französischen Krieg bestimmte grosse Siegesdenkmal auf dem Königsplatz hierselbst.

Die Reihe seiner künstlerischen Leistungen schloss er mit der Durchführung und Vollendung des von Stüler entworfenen Bau's der National-Galerie, dessen innere Formgebung und Dekoration seine eigene selbstständige Schöpfung ist, während im Aeusseren der ursprüngliche Plan festgehalten wurde. Bis in die letzten Monate vor seinem Ende unausgesetzt thätig, namentlich auch in seinem Lehramt, hatte er mit seltener Frische und Rüstigkeit den Schwächen des Alters Widerstand zu leisten gewusst, bis seine scheinbar unverwüstliche Lebenskraft und Lebenslust einem Leiden erlag, dessen

Einwirkungen sich zuerst im Laufe des vorigen Jahres bemerkbar gemacht hatten. Am 16. Juni d. J. wurde er von unserm Akademie-Gebäude aus, in welchem er 40 Jahre lang als Mitglied des akademischen Lehrer-Kollegiums und des Senats mannigfach anregend und fördernd gewirkt, in feierlicher Weise zu Grabe geleitet. —
Diesen Verlusten gegenüber haben die zu Anfang dieses Jahres statutenmässig vollzogenen und Seitens des Herrn Ministers bestätigten Neuwahlen der Akademie sechs ordentliche Mitglieder und ein Ehrenmitglied zugeführt. In gemeinschaftlicher Sitzung beider Sektionen der akademischen Mitglieder-Versammlung erfolgte die Wahl des Königlichen Staatsministers Dr. Falk zum Ehrenmitglied der Akademie, und wurden ausserdem von der Sektion für die bildenden Künste zu ordentlichen Mitgliedern der Akademie folgende sämmtlich in Berlin wohnhafte Künstler gewählt:

der Geschichtsmaler Professor Knille,
der Geschichts- und Bildnissmaler Professor Gräf,
der Historienmaler Professor Thumann,
der Genremaler Fritz Werner,
der Bildhauer Professor Schaper und
der Architekt von Grossheim.

Dagegen verlief die Wahlversammlung der musikalischen Sektion wie in dem voraufgegangenen so auch in diesem Jahre resultatlos, weil die nach dem Statut für die Beschlussfähigkeit der Versammlung erforderliche Anzahl der in Berlin wohnhaften Mitglieder der Sektion nicht erschienen war. —

Die allgemeine Akademie der bildenden Künste unter Leitung ihres Direktors, des Professors von

Werner, zählte im Wintersemester 1879/80 229 Schüler und zwar 196 immatrikulirte Eleven und 33 Hospitanten; im eben beendeten Sommersemester 179 immatrikulirte Schüler und 12 Hospitanten.

Aus dem Lehrer-Kollegium dieser Anstalt, welchem, wie bereits berichtet, der Geheime Ober-Hofbaurath Strack durch den Tod entrissen wurde, schied ferner in Folge seiner Uebersiedelung nach Frankfurt a. M. zu Michaelis 1879 der Architekt Luthmer, und trat an dessen Stelle als Leiter der Klasse für Ornamentlehre und dekorative Architektur der Architekt Kuhn. Dem Lehrer der Anatomie, Sanitätsrath Dr. Hoffmann, wurde der Charakter als „Geheimer Sanitätsrath" und dem Leiter des Bildhauer-Aktsaals, Bildhauer Schaper, bei Gelegenheit der am 2. Juni d. J. stattgehabten Enthüllung des Göthe-Denkmals das Prädikat „Professor" verliehen.

Die unter der Direktion des Professors Gropius stehende Kunst- und Gewerkschule, welche zu Ostern d. J. ihre Uebersiedelung in das neue stattliche, von ihrem Direktor selber erbaute Gebäude in der Klosterstrasse bewirkt hat, wurde im Wintersemester von 641, im Sommersemester von 542 Schülern besucht. An Unterrichtskarten wurden ausgegeben im ersten Semester 849, im zweiten 716 Stück.

Veränderungen im Lehrer-Kollegium dieser Anstalt traten nicht ein.

Bei der Hochschule für Musik, Abtheilung für musikalische Komposition, belief sich die Zahl der Schüler im Wintersemester auf 30, im Sommersemester auf 27 Schüler, während die Abtheilung für ausübende Tonkunst unter Leitung des Professors Dr. Joachim im

Wintersemester 237 und im eben beendeten Sommersemester 218 Schüler zählte. Die letztere Abtheilung veranstaltete innerhalb des Zeitraumes vom 30. November 1879 bis 9. Mai 1880 fünf öffentliche Konzert-Aufführungen. Aus dem Lehrer-Kollegium dieser Abtheilung schied zu Ende des Wintersemesters der ordentliche Lehrer für Deklamation und Dramatik, Königliche Hofschauspieler Berndal und wurde mit den Obliegenheiten der vakant gewordenen Stelle der Dr. phil. A. Schwarz kommissarisch beauftragt.

Durch den Tod verlor die Hochschule für Musik einen ihrer Beamten, den Sekretär und Bibliothekar Dr. Josef Müller, welcher am 18. Juni d. J. nach langen Leiden im Alter von 41 Jahren starb. —

Die Feier des Geburtsfestes Seiner Majestät des Kaisers und Königs, ihres erhabenen Protektors, beging die Akademie wie alljährlich durch eine öffentliche Festsitzung, die in Anbetracht der beschränkten und für derartige Zwecke wenig geeigneten Räumlichkeiten des Akademie-Gebäudes im grossen Saal der Sing-Akademie abgehalten wurde. Die Festrede hielt der Direktor der Königlichen National-Galerie und Mitglied des Senats Dr. Jordan. Musikalische Aufführungen der Königlichen Hochschule für Musik (Choral von J. S. Bach und Motette von Haydn) eröffneten und beschlossen die Feier. Bei der dem Gedächtniss Seiner Hochseligen Majestät des Königs Friedrich Wilhelm III. gewidmeten Festfeier am 3. August v. J., wurde Seitens des ersten ständigen Sekretärs der Akademie der Jahresbericht erstattet, woran sich die Veröffentlichung des Ergebnisses der im Laufe des Jahres stattgehabten Konkurrenzen sowie die Vertheilung der

Preise an die Schüler der Akademie der bildenden Künste und der hiesigen Kunstschule anschloss. Gleichzeitig fand die öffentliche Ausstellung der prämiirten Arbeiten der Schüler der Akademie der bildenden Künste sowie der 6 Kunst- und Gewerkschulen von Berlin, Breslau, Danzig, Königsberg und Erfurt in den Räumen des Akademie-Gebäudes statt. —

Die Bibliothek der Akademie hat, wie in dem voraufgegangenen, so auch im letzten Jahre theils durch ordnungsmässige Verwendung des für dieselbe ausgesetzten Fonds, theils durch ausserordentliche Zuwendungen und Geschenke verschiedener Gönner, denen die Akademie zu besonderm Dank verpflichtet ist, werthvolle Bereicherungen erfahren.

An Stelle des am 16. Oktober 1879 hierselbst verstorbenen Bibliothekars Dähling, welcher dem seit Caspar's Pensionirung übertragenen Amt mit Eifer und Umsicht obgelegen, wurde der Bildhauer A. Itzenplitz hierselbst mit der kommissarischen Verwaltung der Stelle des Bibliothekars betraut. —

Die im vorigen Jahre vom 31. August bis zum 2. November stattgehabte 53. akademische Kunst-Ausstellung erfreute sich trotz der Konkurrenz der gleichzeitig in München stattfindenden Internationalen Kunst-Ausstellung einer lebhaften Betheiligung. Die Gesammtzahl der eingesandten Kunstwerke belief sich auf 1250, von denen nach der von der Jury getroffenen Auswahl zur Ausstellung gelangten 663 Oelgemälde, 62 Aquarellen und Zeichnungen, 33 Kupferstiche, Lithographieen und Holzschnitte, 104 plastische Bildwerke, 17 architektonische Entwürfe, im Ganzen 879 Nummern. Die Zahl der zahlenden Besucher belief sich auf 102,486 gegen 95,473 im Vorjahr. Verkauft wurden incl. der für die Verloosung angekauften Gegenstände 114 Gemälde, 6 plastische Kunstwerke und 3 Aquarellen zum Gesammtpreis von 153,482 Mark.

An Künstler, welche sich bei der Ausstellung in hervorragender Weise betheiligten, wurden durch die Gnade Seiner Majestät des Kaisers und Königs auf ehrerbietigen Antrag des Senats folgende Auszeichnungen ertheilt:

Die grosse goldene Medaille für Kunst erhielten:
 der Thier- und Landschaftsmaler Christian Kröner in Düsseldorf,
 der Genremaler Bokelmann ebendaselbst.

Die kleine goldene Medaille erhielten:
 der Maler Otto Kirberg in Düsseldorf,
 der Maler Professor Leon Pohle in Dresden,
 der Landschaftsmaler Hermann Eschke in Berlin,
 der Geschichtsmaler Henri Siemiradzki in Rom,
 der Landschaftsmaler Otto von Kamecke in Berlin,
 der Maler Professor Paul Thumann in Berlin,
 der Bildhauer Professor C. Kundmann in Wien. —

Es erübrigt schliesslich noch, das Ergebniss der in diesem Jahr bei der Akademie stattgehabten öffentlichen Preisbewerbungen mitzutheilen.

Zu der für das Fach der Geschichtsmalerei eröffneten Konkurrenz, um den von Seiner Hochseligen

Majestät dem König Friedrich Wilhelm III. gestifteten grossen Staatspreis hatten sich 7 Bewerber gemeldet, von denen nach dem Ausfall der stattgehabten Vorprüfung 2 Bewerber zur Lösung der Hauptaufgabe (Aeneas erzählt der Dido seine Schicksale) zugelassen wurden. Die Zuerkennung des Preises konnte jedoch nicht erfolgen, da keine der beiden in vorschriftsmässiger Klausur ausgeführten Arbeiten trotz mancher gelungenen Einzelheiten den zu stellenden künstlerischen Anforderungen in ausreichendem Maasse entsprochen hat.

Zur Bewerbung um den Michael Beer'schen Preis I. Stiftung, nur für Bekenner jüdischer Religion und in diesem Jahre für das Fach der Malerei bestimmt, hatte sich Niemand gemeldet; dagegen betheiligten sich an der Konkurrenz der zweiten Michael Beer'schen Stiftung, in diesem Jahre für Bildhauer bestimmt, fünf Bewerber, von denen der Preis, bestehend in einem einjährigen Stipendium von 2250 Mark zu einer Studienreise nach Italien, dem Bildhauer Ernst Wägener, geboren am 1. Juni 1854 zu Gehrden in Hannover, ertheilt ist.

An der in diesem Jahr ebenfalls für das Fach der Bildhauerei eröffnet gewesenen Konkurrenz der von Rohr'schen Stiftung hatten 11 Bewerber Theil genommen, unter denen der Preis im Betrage von 4500 Mark zum Zweck einer einjährigen Studienreise dem Bildhauer Martin Wolff, am 10. Mai 1852 zu Berlin geboren, zuerkannt worden ist.

Der nachstehende Katalog ist, soweit dies mit den bestehenden Bestimmungen vereinbar war, nach den eigenen Angaben der Künstler verfasst.

Die sämmtlichen ausgestellten Kunstwerke haben der Prüfung der hiesigen Jury unterlegen, mit Ausnahme der von den düsseldorfer Künstlern eingesandten Werke, über deren Zulassung nach den geltenden Bestimmungen die Jury der Königlichen Akademie zu Düsseldorf zu entscheiden hat, sowie mit Ausnahme der von den ordentlichen Mitgliedern der hiesigen Akademie und von den Inhabern der grossen und kleinen goldenen Medaille für Kunst eingesandten Werke, welche laut Senatsbeschluss dem Urtheil der Jury nicht unterworfen sind und durch einen auf dem Nummerzettel des Kunstwerks angebrachten Stern kenntlich gemacht werden.

Von den für die diesjährige Ausstellung eingesandten Kunstwerken, deren Gesammtzahl sich auf 1349 Nummern bezifferte, haben bei der Beurtheilung durch die diesseitige Jury 321 Nummern nicht die genügende Stimmenzahl für die Zulassung zur Ausstellung gefunden.

Zu Mitgliedern der hiesigen Jury, welche über die Zulassung der Kunstwerke zu entscheiden hat, waren für dieses Jahr gewählt worden:

A. Seitens des Senats der Akademie die Herren Baurath Ende, Professor Knaus, Professor Schrader, Professor A. Wolff, und als Stellvertreter Professor C. Becker;

B. Seitens der akademischen Mitglieder-Versammlung die Herren Geschichtsmaler Gentz, Kupferstecher Habelmann, Baurath Heyden, Baurath Orth, Professor Pape, Professor Schaper, und als Stellvertreter Professor Gräf;

C. Seitens des Vereins Berliner Künstler zur Unterstützung seiner hülfsbedürftigen Mitglieder etc. die Herren Professor G. Biermann, Landschaftsmaler E. Körner, Bildhauer E. Encke, Bildhauer E. Hundrieser, und als Stellvertreter Professor J. Franz.

Die Jury der Königlichen Akademie zu Düsseldorf hat bestanden aus den Herren
Professoren H. Crola, F. Hiddemann, A. Leu, A. Seel und A. Wittig.

Das Kreuz (†) hinter der Bezeichnung der Kunstwerke zeigt an, dass dieselben verkäuflich sind.

„gr. Med." bedeutet grosse goldene Medaille für Kunst.

„kl. Med." bedeutet kleine goldene Medaille für Kunst.

Kein ausgestellter Gegenstand darf vor Schluss der Ausstellung entfernt werden.

Den Verkauf der ausgestellten, verkäuflichen Kunstwerke vermittelt das im Ausstellungsgebäude befindliche Bureau.

VERZEICHNISS

der

Werke lebender Künstler

ausgestellt

im

provisorischen Ausstellungsgebäude

auf dem Cantianplatz

vom

29. August bis 31. October.

Situations-Plan.

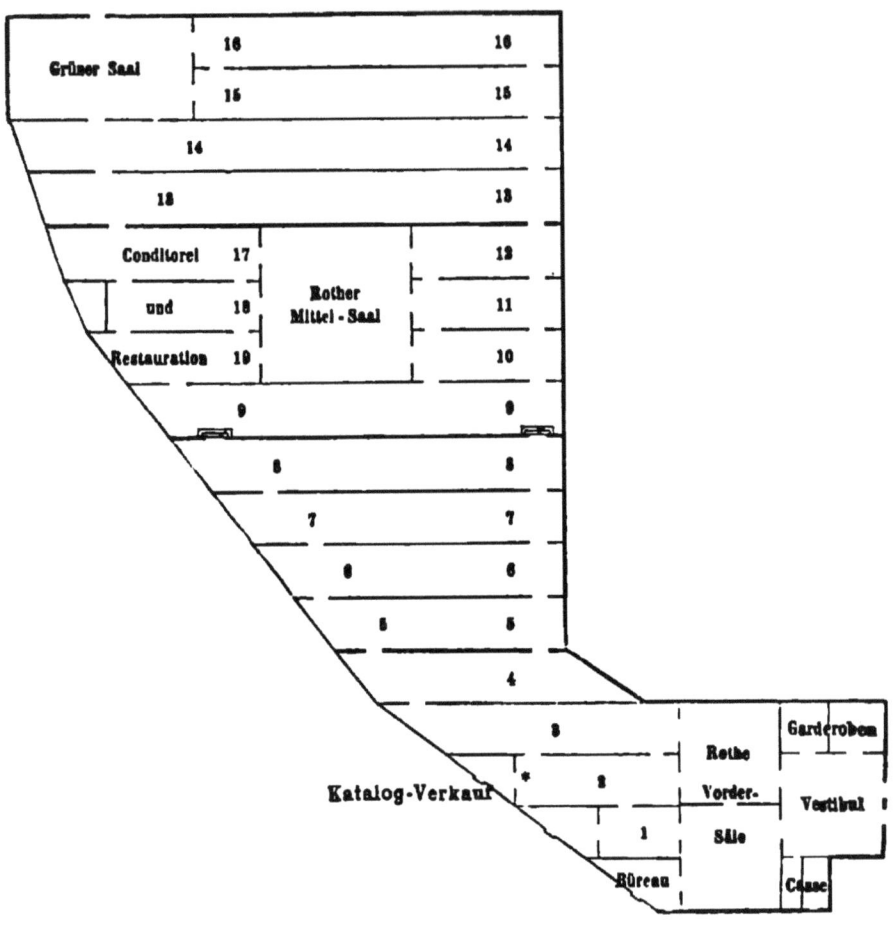

I.

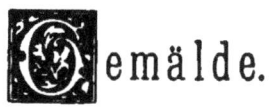emälde.

Zeichen-Erklärung Seite XXX.

Andreas Achenbach,
Professor, Mitglied der Königlichen Akademie der Künste, gr. Med. 1850, in Düsseldorf.
1. Ankommendes Dampfboot. †

Oswald Achenbach,
Professor, Mitglied der Königlichen Akademie der Künste, gr. Med. 1870, in Düsseldorf.
2. Schiffs-Einweihung. Motiv von Castellamare. †
3. Schloss von Ischia. †

Franz Adam,
Professor, gr. Med. 1874, in München.
4. Floing (Sedan). Ausgeführter erster Entwurf zu dem grossen Bilde in der Königl. National-Galerie. †

Konrad Ahrendts
in Weimar, Goetheplatz 28.
5. Chausseewalze. †

Lorenz Alma-Tadema,
Mitglied der Königlichen Akademie der Künste in Berlin, gr. Med. 1874,
in London.
6. Portrait der Frau Semon.
7. „Ave Caesar Jo Saturnalia". (Scene aus dem Leben des Kaisers Claudius.)

Julie Amberg
in Berlin W., Schellingstrasse 16.
8. Sonntag Nachmittag. Im Besitz der Herren Knödler & Co. New-York.

Wilhelm Amberg,
Professor, Mitglied der Königlichen Akademie der Künste, kl. Med. 1877, in Berlin W., Schellingstrasse 16.
9. Sappho. †
10. Willkommen! †
11. Landschaft mit Staffage (Rückkehr aus der Messe). †
12. „ „ „ (Scheidegruss an die Sonne). †

Ernst Anders
in Düsseldorf, Jacobystrasse 14a.
13. Portrait.

Paul Andorff
in Berlin, Ritterstrasse 42.
14. Die Wallstrasse in Berlin. Privatbesitz.
15. Alt-Berlin. †
16. Marktscene. †

Edmund André
in Berlin, Mauerstrasse 47/48.
17. Ein alter Magister. †

Chr. W. Anemüller
in Dresden.
18. Süsse Erinnerungen. †

Freiherr von Arnim-Bärwalde
in München.

19. Stillleben. †

Alb. Arnz
in Düsseldorf.

20. Deutsche Landschaft. †

Margarethe von Baczko
in Weimar, Kurthstrasse 8.

21. Landschaft, Motiv aus Bayern. †

Magnus von Bagge
in Berlin, Schöneberger Ufer 41.

22. Mondaufgang. Sommerabend in Ober-Thellemarken in Norwegen. †

Karl Bantzer
in Dresden-Altstadt, Blumenstrasse 37.

23. Frühlingsblumen. †

Alb. Bauer,
Professor in Düsseldorf.

24. Herodias Tochter. †

M. von Baumbach
in Saarlouis.

25. Lesende Dame. †

Peter Baumgartner
in München, Georgenstrasse 1.

26. Ankunft auf der Alm. †
27. „Was ist es?" †

Gemälde

Carl Becker,
Professor, Vicepräsident des Senats der Königlichen Akademie der Künste, gr. Med. 1861, in Berlin, Margarethenstrasse 4.

28. Othello erzählt seine Abenteuer der Desdemona und ihrem Vater Brabantio.
„Sie liebte mich, weil ich Gefahr bestand,
Ich liebte sie um ihres Mitleids willen".
Im Besitz der Kunsthandlung von W. Schauss in New-York.

Q. Becker
in Berlin, Ritterstrasse 59.

29. Ein Erzählender.
30. Morgen. ⎫
    Mittag. ⎬ †
    Abend. ⎪
    Nacht. ⎭

Adalbert Begas
in Berlin, Genthinerstrasse 13.

31. Selbstportrait.
32. Kinderportrait.

Luise Begas-Parmentier
in Berlin, Genthinerstrasse 13.

33. Küchenintérieur (Taormina). †
34. Blühende Mandelbäume. (Sicilien.) †
35. Einsame Stelle im Spreewalde. †

Oscar Begas,
Professor und Mitglied der Königlichen Akademie der Künste, kl. Med. 1855, in Berlin, Karlsbad 22.

36. Gretchen am Brunnen. †
37. Bildniss der Frau B. A.
38.   „   des Herrn Professor Ferdinand Benary.
39.   „   des Herrn Stabsarzt Dr. Timann.

Hermann Behmer
in Weimar.
40. Bildniss eines Knaben.
(S. Aquarellen, Zeichnungen.)

Gustav Behn
in Berlin, Halleschestrasse 18.
41. An der Ilse. †

Fritz Beinke
in Düsseldorf, Jägerhofstrasse 26.
42. Frühlingsmorgen. †

Ferd. Bellermann,
Professor an der Königlichen Akademie der bildenden Künste in Berlin.
Anhaltstrasse 3.
43. Abend im Delta des Orinoco. †
44. Klosterhofen bei Reichenhall. †
(S. Aquarellen, Zeichnungen.)

Joseph Benedicter
in Pasing bei München.
45. Holländische Küchenidylle. †

Carl Bennewitz von Loefen
in Berlin, Zimmerstrasse 18.
46. Waldlandschaft. †
47. Abend. †
48. „ †

Max Berke
in Berlin, Steglitzerstrasse 32.
49. Das Lieblingslied. †

Edmund Berninger
in München, Hessstrasse 44.
50. Der Golf von Algier. †
51. Araber. †
52. Rast in der Wüste. †

Gemälde.

Gottlieb Biermann,
Professor, Mitglied der Königlichen Akademie der Künste, kl. Med. 1872, in Berlin, Bülowstrasse 2. Atelier: Potsdamerstrasse 120.

53. Esther. †
54. Bildniss der Frau von B.
55. „ der Frau von K.
56. Benedetta. †

Edmund Blume
in Berlin, Bernburgerstrasse 13.

57. Portrait des Mr. D. } aus Honolulu.
58. „ der Mrs. D. }
59. Dolce far niente. †

Wilhelm Bode
in Düsseldorf, Jägerhofstrasse 13.

60. Aus dem bayrischen Hochgebirge. †
61. Mühle am Bach. †
62. Idylle am Bach. †

Julius Bodenstein
in München, Goethestrasse 26.

63. Abend am Morsum-Cliff auf Insel Sylt. †

Paul Böhm
in München.

64. Zigeunerschmiede. †

Richard Böhm
in Dresden, Bürgerwiese 11.

65. Zug nach dem Süden, Scene aus der germanischen Völkerwanderung. †

Richard Böhme
in München, Briennerstrasse 31.

66. Idylle. †
67. Oedes Land. †

Christian Ludwig Bokelmann,
gr. Med. 1879, in Düsseldorf, Marienstrasse 2.
68. Die letzten Augenblicke eines Wahlkampfes. †
69. Mutter mit Kind. †

Paula Bonte
in Berlin, Bernburgerstrasse 30.
70. Motiv aus der Mark. †

Maria Johanna Borchert
in Karlsruhe, Kriegsstrasse 91.
71. Eintheiliger Ofenschirm. Stillleben. †

A. Borckmann
in Berlin, Kurfürstenstrasse 15/16.
72. Im Frauengemach der Königin Sophie Charlotte. †
73. Im Bibliothekszimmer   „   „   „   †
Pendants.

Paul Borgmann
in Karlsruhe, Neue Kunstschule.
74. Bettlerin. †

Friedrich Boser
in Düsseldorf, Karlsplatz 10.
75. Bedenkliche Rechnung. †

Eugen Bracht
in Karlsruhe, Belfortstrasse 11.
76. Morgendämmerung im Hochmoor. †
77. Herbstabend an der Nordküste von Rügen. †

Fritz Brauer
in Berlin, Dessauerstrasse 11.
78. Sonnenuntergang am Nil. (Gizeh.) †

Otto Brausewetter
in Berlin S.W., Ritterstrasse 59.

79. Bildniss einer Dame.
80. Die letzte Feile. †
Das auf dem Bilde dargestellte, aus der letzten Zeit des XIII. Jahrhunderts herrührende Relief befindet sich über einer Thüre der Liebfrauenkirche zu Rottweil. Man darf wohl mit Sicherheit annehmen, dass das darauf abgebildete junge Paar zum Andenken an seine Verbindung die Arbeit herstellen liess und der Kirche stiftete.

Carl Breitbach,
kl. Med. 1876, in Berlin.

81. Portrait des Herrn Prof. Biermann.
82. Motiv aus Schönna bei Meran. †
83. „ aus Eppan bei Bozen. †
84. Hessisches Intérieur. †

Albert Brendel,
Mitglied der Königlichen Akademie der Künste zu Berlin, kl. Med. 1861, Professor an der Grossherzoglichen Kunstschule in Weimar.

85. Gemüthliche Ecke im Stall. †
86. Im Stall. Monat Juli. †
87. Badende Schäferin. †
88. Schafstall in Oberweimar. †

August Bromeis,
Professor und Lehrer an der Königl. Akademie der bildenden Künste in Cassel.

89. Landschaft: Motiv aus der Campagna von Rom. †

Vácslav Brožik
in Paris.

90. Die Gesandten Ladislaus's, Königs von Ungarn und Böhmen am Hofe Karl VII. von Frankreich (1457).
Eigenthum des Baron Emil von Erlanger in Paris.

„Ladislaus sandte eine Botschaft an den König von Frankreich, um die Hand seiner Tochter Magdalena zu begehren. Die Grossherren und Prälaten von Oesterreich, Ungarn und Böhmen wurden

für diese feierliche Gelegenheit auserwählt. Ihr Gefolge bestand aus siebenhundert Pferden und sechsundzwanzig Fuhrwerken. Sie erregten Bewunderung in allen Ländern, welche sie durchzogen."
(De Barante: Geschichte der Herzöge von Burgund.)
91. Zusammentreffen des Kaisers Karl IV. mit Petrarca und Laura im päbstlichen Schlosse zu Avignon. †

Ferd. Brütt
in Düsseldorf.
92. Unerwünschte Visite. †

K. Buchholz
in Ober-Weimar 121, bei Weimar.
93. Holzschlag. †
94. Nach dem Regen im Frühling. †

Johanna Budczies, geb. Krausnick
in Berlin, Motzstrasse 84.
95. Küste von Schonen (Schweden). †

Helene Büchmann
in Berlin, verlängerte Genthinerstrasse 21.
96. Portrait der Frau L.
97. Männliches Portrait.
98. Kinderportrait.

Paul Bülow
in Berlin, Lützowstrasse 31, Atelier: Königl. Schloss, Portal 19.
99. Bildniss des verstorbenen landwirthschaftlichen Minister Grafen v. Pückler. Im Besitz des Grafen v. Pückler auf Schedlau in Schlesien.

Heinrich Bürck
in Berlin, Dorotheenstrasse 81.
100. Gloria victori. †
101. Im Hause der Massimi.
102. Entwürfe für die Aula eines Polytechnikums. †

Gemälde.

Richard Burnier
in Düsseldorf, Sternstrasse 42.
103. An der Fähre. †

Walter Busch
in Berlin N., Schönhauser Allée 35.
104. Ein Vaterunser. †

W. Camphausen,
Professor, Mitglied der Königlichen Akademie der Künste, gr. Med. 1861 in Düsseldorf.
105. Parforce-Jagd. †

Henry Campotosto
in London.
106. Scene aus dem Landleben. †

Gilbert von Canal
in Düsseldorf, Immermannstrasse 20.
107. Im Kärntner Gebirge. †
108. Westfälische Landschaft, Mondaufgang. †

Gustav Canton
in München, Schillerstrasse 28.
109. Die Klostersuppe. †

Dedo Carmiencke
in Berlin, Waterloo-Ufer 1.
110. Der Dachstein mit dem vorderen Gosau-See. †
111. Partie aus dem Oberbergerthal am Brenner (Tyrol). †

Alessandro Castelli,
Professor in Rom, Via Margutta 60.
112. Golgatha im Augenblick der Finsterniss. †

August César
in Brünn.
113. Portrait des Dichters Brachvogel. †

Gemälde. 11

J. Chelminski,
Ehrenmitglied der Königl. Bayrischen Akademie der bildenden Künste in München.

114. Herrschaften auf Reisen zur Zeit August III. von Sachsen. †

Ludwig Th. Choulant,
Königl. Hofmaler in Dresden, Striesenerplatz 5.

115. An der Etsch in Verona. †
(S. Aquarellen, Zeichnungen.)

Max Claus
in Dresden, Sommerstrasse 7.

116. Motiv an der Elbe. †

Hermann Clementz
in Berlin N., Schlegelstrasse 25.

117. Dame im Salon.
(S. Aquarellen, Zeichnungen.)

Eduard Cohen
z. Z. in Wien.

118. Landschaft mit dem Raub des Hylas. †

Alb. Conrad
in Berlin, Ritterstrasse 78.

119. Was sich neckt, das liebt sich. Im Besitz des Herrn S. Avery. New-York.

Hugo Crola,
Professor und Lehrer an der Königlichen Akademie zu Düsseldorf, Marienstrasse 5.

120. Bildniss des Herrn R. ⎫
121.   „   der Mad. R. ⎬ Pendants.
122.· „   der Mad. M. ⎭

Fritz Daegling
in Königsberg i. Pr.
123. Vor dem Gewitter (am Drausensee). †

Hans-Dahl
in Düsseldorf, Kunst-Akademie.
124. Ein Spiel der Wellen. †
„Zur Erklärung diene, dass, wenn die norwegischen Küstenbewohner einen Schiffbruch erleiden und das Wrack nicht verlassen können, sie ihre grossen Dolchmesser in den Bootkiel einzustossen pflegen, um sich auf diese Weise fester an das Wrack klammern zu können."
125. Die letzte Oelung, Motiv vom Niederrhein. †
126. Am Ufer. †

Rudolf Dammeier
in Karlsruhe.
127. Heitere Lectüre. †
128. Bücherwürmer. †

Franz Defregger,
Professor, Mitglied der Königlichen Akademie der Künste zu Berlin, gr. Med. 1876, in München.
129. Ein Liebesbrief. Im Besitz der Kunsthandlung von Wimmer & Co., München.
129a. Holzknechte in der Sennhütte. †

Heinrich Deiters
in Düsseldorf, Sternstrasse.
130. Landweg. †
131. Wiesengrund. †

Moritz Delfs
in Hamburg, St. Georg, Brunnenstrasse 26.
132. Requisitions- und Gefangenen-Transport. †

Anton Dieffenbach
in Berlin, Steglitzerstrasse 12.
133. Familien-Portraits.
134. Mir auch! †
135. Angenehme Ueberraschung. †

Konrad Dielitz
in Berlin W., Bülowstrasse 34.
136. Alpenmärchen. Privatbesitz.

Carl Dietze
in Baden-Baden, Maria-Victoriastrasse 19.
137. Auf der Höhe. †

Adolf Ditscheiner
in München, Altheimerstrasse 9.
138. Frühlingsbild. †

Emil Doepler d. J.
in Berlin, Regentenstrasse 23.
139. Blumen-Orakel. †

Louis Douzette
in Berlin, Kurfürstendamm 119.
140. Pommersche Landschaft. †

Adolf Dressler
in Breslau, Neue Taschenstrasse 5.
141. Aus dem Fürstensteiner Grunde in Schlesien. †
142. Schlesische Landschaft. †

Eugène Dücker,
kl. Med. 1878, Professor an der Königlichen Kunst-Akademie in Düsseldorf.
143. Am Hafen. Motiv von der Ostsee. †
144. Am Watt. Motiv von der Insel Sylt.
Besitzer: W. Grommi in St. Petersburg.

J. Duntze
in Düsseldorf.
145. Winternachmittag, Motiv von Gondorf an der Mosel. †

F. Ebel
in Düsseldorf.
146. Waldlandschaft aus Holstein. †

C. Eckardt
in Kopenhagen.
147. Verschiedene Schiffe im Oeresund an der Küste Kronborgs (nach einem Regenschauer). †

T. von Eckenbrecher
in Düsseldorf.
148. Norwegischer Fjord. †

Julius Ehrentraut
in Berlin N.W., Schadowstrasse 11.
149. Auf fremdem Gebiet. Im Besitz der Kunst- und Verlagshandlung von R. Wagner.
150. Erstes Lehrgeld. Privatbesitz.
151. Rast. †

Knut Ekwall
in Berlin W., Kurfürstendamm 140.
152. Sub rosa. †

Wilhelm Emelé
in München, Schwanthalerstrasse 36a.
153. Leonore. Nach der Ballade von Gottfried August Bürger. †
154. Der Morgengruss. †

Fedor Encke
in Paris, Boulevard Clichy 11.
155. Männliches Portrait.

Gemälde. 15

Joh. Friedr. Engel
in München, Gabelsbergerstrasse 74.

156. Fischerin. †

G. Engelhardt
in Berlin, von der Heydtstrasse 6.

157. Partie am Fischbach im Sulzthale. Tyrol. †
158. Waldlandschaft. Vorharz. †
159. Herbsttag. †

G. H. Engelhardt
in Charlottenburg, Krummestrasse 25.

160. Wassermühle. †
161. Partie aus dem Sulzthal. Tyrol. †

Moritz Erdmann
in Berlin, Schönebergerstrasse 25.

162. Römische Campagna. †

Hermann Ernecke
in Berlin, Königgrätzerstrasse 54.

163. Ein Kinderportrait.

Hermann Eschke,
kl. Med. 1879, in Berlin W., An der Apostelkirche 11.

164. Die versandete Weichsel bei Weichselmünde (Danzig). †
165. Neufahrwasser bei Danzig. †
166. Stürmische See. †

Oscar Eschke
in Berlin W., Kurfürstenstrasse 13.

167. Oderufer. †

Richard Eschke
in Berlin W., an der Apostelkirche 11.

168. Ebbe bei Mondschein. †

A. Eversen
in Amsterdam.
169. Stadtansicht von Enkhuizen im Winter. †

Carl Ludwig Fahrbach
in Düsseldorf, Immermannstrasse 26.
170. Waldlandschaft. †

Hans P. Feddersen
in Kreuznach.
171. Abseits. †

E. A. Fischer-Cörlin
in Berlin, Atelier: Unter den Linden 38.
172. Alt-Berlin. (Drei Gemälde.) †

Eduard Fischer
in Berlin W., Charlottenstrasse 49, Atelier: Behrenstrasse 26a.
173. Ebbe, Motiv von der Insel Sylt. †
174. Herbstabend an der Havel. †
175. Abenddämmerung. †

Gust. E. ton Fischer
in Weimar, Kunstschule.
176. Auf der Landstrasse. †

Albert Flamm
in Düsseldorf.
177. Motiv von Ischia. †

Paul Flickel
in Berlin N.W., Georgenstrasse 37.
178. Garten von Montecarlo bei Monaco an der Riviera di Ponente. †
179. Waldeinsamkeit. †
180. Waldidyll. †

Otto Foersterling
in Kleinzschachwitz bei Niedersedlitz (Sachsen).
181. Odysseus und Kalypso.
„Ihn allein, der sich sehnte zur Heimat und zur Gemahlin,
Hielt die erhabene Nymfe, die herrliche Göttin Kalypso,
In der gewölbten Grott', ihn sich zum Gemahl begehrend."

von Francken
in Düsseldorf.
182. Kaukasische Landschaft, Motiv von Samour, im Lesghier Gebirge (Schach Dagh). †

Friedrich August Fraustadt
in Antwerpen, Rue de la Province 54.
183. Die Nibelungen. 29. Abenteuer. Wie Hagen und Volker vor Kriemhildes Saal sassen. †
184. Traum Kriemhildes. †

Charlotte Freyn von Freyberg-Eisenberg
in Karlsruhe, Kriegstrasse 110.
185. Landschaft aus dem schwäbischen Oberland. †

Conrad Freyberg,
Hofmaler in Berlin, Königin Augustastrasse 36.
186. Portrait des Herrn v. Sch.

Camilla Friedlaender
in Wien V., Matzleinsdorferstrasse 22.
187. Antiquitäten. †
188. Standuhr im Renaissance-Style. †

Harald Friedrich
in Dresden, Terrassenufer 9. IV.
189. Stillleben. †
190. Page. †

Woldemar Friedrich
in Weimar, Erfurterstrasse 25.
191. Frühling. †
192. Grisaille zu Gustav Freytag's „Die Geschwister II."
(Fritz und Dorchen beim Abschied unter der Linde.)

Ernestine Friedrichsen
in Düsseldorf, Wehrhahn 9.
193. Kind auf der Düne. †

Heinrich Ludwig Frische
in Düsseldorf, Adlerstrasse 70.
194. Partie am Reichenbach. †
195. Motiv aus dem Bodethal. †
196. Harzlandschaft. †

Margarethe Fritze
in München, Dachauerstrasse 54.
197. Portrait einer Dame. Im Besitz des Hrn. Prof. Alex. Wagner in München.

Carl Fröschl
in München, Schwanthalerstrasse 36b.
198. Auf dem Lande. †

Gustav Fürst
in Berlin, Hildebrandtsche Privatstrasse 7a.
199. Stillleben (Fruchtstück). †

Guiseppe Gabani
in Rom, Via Margutta 76.
200. Pferde in der Campagna. †

Casimir Geibel
in Weimar, Watzdorfstrasse 15.
201. Eine Thüringer Hochzeit. †

Gemälde.

Wilhelm Gentz,
Mitglied der Königlichen Akademie der Künste, gr. Med. 1876, in Berlin.

202. Eine Koranvorlesung in der Grotte des Jeremias zu Jerusalem. †

Berthold Genzmer
in Berlin, z. Z. in Dortmund

203. Der schwarze Mann. †

Siegm. Gerechter
in Berlin, Lützowstrasse 7.

204. Kinderportrait.

John Gilbert
in London.

205. Der Mord von Humphrey, Herzog von Gloster. †
Shakespeare: König Heinrich VI. II. Th. Act 3. Scene 2.
(S. Aquarellen, Zeichnungen.)

Baron von Gleichen-Russwurm
in Weimar.

206. Zur Erntezeit. †

Ed. Gleim
in Cassel, z. Z. in München, Augustenstrasse 8.

207. Finstersee im tyroler Hochgebirg. †
208. An der Isar (bei Ebenhausen). †

Elise Goebeler
in Berlin, Hollmannstrasse 17.

209. Dornröschen. Im Besitz Seiner Majestät des Kaisers.

H. Gogarten

210. Waldintérieur im Winter. †

Gemälde.

Otto Goldmann
in Berlin, Königgrätzerstrasse 50, z. Z. in Arnstadt in Thüringen.

211. In gespannter Erwartung. †
212. Gestörte Ruhe. †
213. Quod erat demonstrandum. †

Carl Graeb,
Königlicher Hofmaler, Professor, Mitglied des Senats der Königlichen Akademie der Künste, gr. Med. 1854, in Berlin, Lützowstrasse 92.

214. Aus der Domkirche zu Alt-Breisach. Privatbesitz.
215. Aus dem Dom von Sta. Maria auf Torcello bei Venedig.

Paul Graeb jun.
in Berlin W., Lützowstrasse 92.

216. Intérieur der Kirche Madonna dei Miracoli zu Brescia.†
(S. Aquarellen, Zeichnungen.)

Gustav Graef,
Professor, Mitglied der Königl. Akademie der Künste, kl. Med. 1874, in Berlin W., Lützowplatz 10.

217. Portrait einer Dame.
218. „ eines Herrn.
219. „ „ „
221. Dame im Kostüm des 16. Jahrhunderts. †

Marie Gratz
in Karlsruhe, Akademiestrasse 7.

222. Portrait Ihrer Durchlaucht der Prinzessin Elise zu Hohenlohe-Langenburg.
223. Männliches Portrait.
224. Weibliches Portrait.

Fritz Grebe
in Düsseldorf, Immermannstrasse 20.

225. Am Bache. Abendstimmung. †

Hedwig Greve
in Düsseldorf, Rosenstrasse 28.

226. Portrait des Herrn General von Loën in Berlin.
227. „ der Frau Gräfin von Schlippenbach.

Réné Grönland
in Berlin, Halleschestrasse 5.

228. Stillleben. †
229. Wilde Ente. †
230. Fruchtstück. †

Markus Grönvold
in München, Barerstrasse 58.

231. Portrait.
232. „

Wilhelm Grossmann
z. Z. Königsberg i. Pr., Steindammer Lavendelstrasse 6.

233. Gesegnete Mahlzeit! †

Georg Wilhelm Arnold Groth
in Kopenhagen, Bülowsweg 38.

234. Der Ablauf eines Baches auf der Insel Seeland (Dänemark). Nach dem Regen. †

Julius Grün
in Berlin, Königgrätzerstrasse 51.

235. Portrait Sr. Excellenz d. Wirkl. Geh.-R. Gen.-Staats-Anwalts etc. a. D. W.
236. Maria Stuart. Nach Schiller 3. Act, I. Scene.
„Eilende Wolken! Segler der Lüfte! etc." †

Hans Gude,
Professor der Grossherzogl. Kunstschule zu Karlsruhe, Mitglied der Königl. Akademie der Künste zu Berlin, gr. Med. 1861, in Karlsruhe, Kunstschule.

237. Landungsplatz bei Victor v. Scheffels Seehalde, Bodensee. †
238. In Sicht der norwegischen Küste. †
239. Die Heide von Listen im südlichen Norwegen. †

Otto Günther-Naumburg
in Berlin N.W., Dorotheenstrasse 83.

240. In den Bergen. †

Leopold Güterbock
in Berlin, Matthäikirchstrasse 6.

241. Bacchantin. †
242. Römische Veilchenverkäuferin. †
243. Italienisches Genrebild. †

Carl Gussow,
Professor und Lehrer an der Königl. Akademie der bildenden Künste, kl. Med. 1874, in Berlin, Magdeburgerplatz 4.

244. Die beiden Alten.
245. Weibliches Bildniss.
246. „   „
247. Bildniss eines Kindes.

Horst Hacker
in München, Gartenstrasse 62.

248. Gewitterstimmung am See. †

Carl Freiherr von Hafften
in Berlin, Dieffenbachstrasse 67.

249. Südlicher Hafen bei heranziehendem Sturm. Felsenmotiv, Kap Kalagria in der Bucht von Varna. †

Eduard von Hagen
in Erfurt, Regierungsstrasse 51.

250. Der barmherzige Samariter. †

E. Hallatz
in Berlin W., Lützowplatz 11.

251. Brodneid. †
252. Wirthshaus an der Mosel. †
253. Mühlengehöfte in der Normandie. †

Gemälde.

Nils Hansteen
in Christiania (Norwegen).
254. Motiv aus Norwegen. †

F. Graf Harrach,
Mitglied der Königlichen Akademie der Künste, kl. Med. 1872, in Berlin, Victoriastrasse 36.
255. Portrait von Varnbühler.
256. Kinderportrait.
257. Abend am Thuner See.

Ernst Hausmann
in München, Schillerstrasse 25.
258. Eifersucht. †

Friedrich Heimerdinger
in Hamburg, Steindamm 135a.
259. Lust und Leid. †
260. Glück und Glas. †

C. von der Hellen
in Düsseldorf.
261. Westfälische Landschaft. †
262. Mondnacht an der Riviera. †

Anton Henke
in Düsseldorf, Klosterstrasse 52.
263. Rothwild (Herbststimmung). †

J. F. Hennings
in München, Schillerstrasse 27.
264. Frühling. Reifspiel auf blumiger Wiese. †

E. Henseler
in Berlin W., Magdeburgerstrasse 6.
265. Kunstpause. †

Harry Hente
in Berlin, Königsplatz 3.

266. Trost im Leid. †
267. Burgfräulein. †

Johannes Hermes
in Berlin.

268. Unter den Weiden. †
269. Aus Holland. †
270. Holländische Landschaft. †

Andreas Herrenburg
in Dresden, Sidonienstrasse 13.

271. Nillandschaft bei Theben (Ober-Aegypten). †

Hans Herrmann
in Düsseldorf.

272. Strand bei Helsingör. †
273. Landschaft aus Unterfranken. †
274.   „   Motiv bei Düsseldorf. †

Albert Hertel
in Berlin, Pariserplatz 6, Atelier: Bismarckstrasse 2.

275. Jagdstillleben. ⎫ Privatbesitz.
276. Tafelstillleben. ⎭
277. Stillleben. Privatbesitz.
278. Heimische Landschaft. Privatbesitz.
279. Hof-Gastein. †

Henry Hertwig
in Berlin, Schiffbauerdamm 35.

280. Weiden vom alten Krug in Misdroy. †

J. Heydeck,
Professor an der Kunstakademie in Königsberg i. Pr., Königstrasse 57.

281. Portrait Sr. Excellenz des Grafen von Dönhoff-Friedrichstein. (Nach dem Tode gemalt.)
282. Portrait Sr. Excellenz des Kanzlers des Königreichs Preussen Dr. v. Gossler. Für die Galerie der Kanzler und Oberlandesgerichts-Präsidenten zu Königsberg.

August von Heyden
in Berlin W., Lützowplatz 13.

283. Wittichs Rettung. †
„Wittich, der die Söhne König Ezels und den Bruder Ditrichs von Bern erschlagen hat, wird auf der Flucht von dem Meerweibe Wachildis, seiner Ahne, zum Meeresgrunde entführt und dadurch der Verfolgung Ditrichs entzogen."   Rabenschlacht.

Dr. Otto Heyden,
Professor und Hofmaler in Berlin, Bellevuestrasse 12.

284. Weibliches Bildniss.
285. Bildniss einer Dame aus Smyrna.

F. Hiddemann
in Düsseldorf.

286. Der kleine Sieger. †

Ernst Hildebrand,
Professor an der Grossherzogl. Kunstschule zu Karlsruhe, Mitglied der Königlichen Akademie der Künste zu Berlin, in Karlsruhe, von October an in Berlin.

287. Zechende Landsknechte. †
288. Gesegne's Gott! †
289. Männliches Bildniss.
290.   „   „
291. Weibliches Bildniss.

Rudolph Hirth du Frênes
in München, z. Z. in Scheveningen.

292. Das Bilderbuch. †

Carl Hochhaus
in Berlin, Unter den Linden 38.

293. Hemzauda, die Schwerttänzerin. †
294. Motiv aus dem Hohenzollern-Museum. †
295. Vom Berliner Schleusengraben. †

Gemälde.

Franz Hochmann
in Weimar, Kunstschule.

296. Zigeunerlager. †

F. Hoffmann-Fallersleben
in Weimar.

297. Sturmflut. Motiv von der Ostsee. †
298. Verlassen. †

Alphons Hollaender
in Florenz.

299. Kirche S. Francesco in Assisi. †

August Holmberg
in München, Schillerstrasse 26.

300. Benedictiner-Mönch, antike Münzen betrachtend. †

Wilhelm Holter
in Berlin, Ziethenstrasse 6a.

301. Portrait.

Georg Hom
in Berlin, Hitzigstrasse 8.

302. Mignon. †
303. Portrait des Hrn. H.
304. „ der Frau H.

Ferdinand Hoppe
in Düsseldorf, Jägerhofstrasse 9.

305. An der Ostsee. †

Margarethe Hormuth
in Karlsruhe, Wielandstrasse 3.

306. Stillleben mit Mohnblumen. †

Eduard Hübner
in Berlin W., Lützowplatz 12. III.

307. Iphigenie auf Tauris. †
„Und an dem Ufer steh' ich lange Tage
Das Land der Griechen mit der Seele suchend;
Und gegen meine Seufzer bringt die Welle
Nur dumpfe Töne brausend mir herüber."
(Goethe, Iphigenie auf Tauris.)
(S. Aquarellen, Zeichnungen.)

Dr. Julius Hübner,
Ehrenmitglied der Königlichen Akademie der Künste zu Berlin, Direktor der Königlichen Gemäldegalerie in Dresden, Bürgerwiese 23.

308. Dunkle Mächte: Medusa, Nacht, Schlaf und Tod, Parzen und Furien. Leinwandfresko zur Dekoration eines Treppenhauses.

Emil Hünten,
Professor in Düsseldorf.

309. Attaque des zweiten Rhein. Husaren-Regiments No. 9 bei Hébécourt November 1870. Eigenthum des Offiziers-Corps des 9. Husaren-Regiments.

Carl Hummel,
Professor in Weimar.

310. Gegend bei Sölden im Oetzthal. †

Fritz Hummel
in Berlin, Potsdamerstrasse 98.

311. Weibliches Bildniss.
312. Männliches „
313. „ „

Julius Huth
in Berlin, Potsdamerstrasse 43, vom 1. Oktober Kurfürstenstrasse 108.

314. Cap Wrath, Nordwest-Küste Schottlands. †
315. Fischer von Norderney in der Nordsee. †

Eduard A. Ireland
in Düsseldorf, Goldsteinstrasse 22.
316. Landschaft mit wilden Enten. †

C. Irmer
in Düsseldorf.
317. Ostfriesische Gehöfte auf Sylt. †
318. Strasse aus Ilsenburg. †
319. Herbstlandschaft. †

Julius Jacob
in Berlin, Halleschestrasse 19.
320. Aus der Mark. †
321. Kleine Landschaft. †
322. Landschaft aus Misdroy. †

Georg Jakobides
in München, Landwehrstrasse 43.
323. Portrait.
324. Stillleben. †

Jos. Jansen
in Düsseldorf.
325. Schweizerlandschaft, Motiv vom Oeschinensee. †

Adolph Jebens,
Mitglied der Kaiserl. Akademie der Künste zu St. Petersburg, in Berlin, Blumeshof 6.
326. Portrait des Fräulein Ernestine Wegener.
327. „ des Rentier Herrn J. S.
328. „ des Kaufmanns Herrn R. B.

Elisabeth Jerichau geb. Baumann,
kl. Med. 1866, Mitglied der Königlichen Akademie der Künste zu Kopenhagen.
329. Rositta. †
330. Die Wahrsagerin. †
331. Abendstimmung (altägyptisches Kostüm). †

Aug. Jernberg,

Hofmaler, Mitglied der Akademie der Künste zu Stockholm, in Düsseldorf, Rosenstrasse 5.

332. Die Erquickung. †
333. Küchenintérieur. †

Olof Jernberg

in Düsseldorf, Rosenstrasse 5.

334. Marine. Aussicht auf den Kullen an der schwedischen Küste. †

August Jerndorff

in Kopenhagen.

335. Mädchen mit Blumen.

Carl Ludwig Jessen

in Deetzbüll, Prov. Schleswig-Holstein.

336. Ertheilung des heiligen Abendmahls. †
337. Ein Mädchen Hausgeräth putzend. (Motiv Nordfriesisch.) †

Eugen Jettel

in Paris.

338. Nordholländische Sumpflandschaft. †
339. Der Strand von Villerville (bei Trouville). †

Rudolf Jonas

in Berlin, Ritterstrasse 46.

340. Abendlandschaft (Composition). †

Rudolf Jordan,

Professor, Mitglied der Königlichen Akademie der Künste zu Berlin, gr. Med. 1866, in Düsseldorf.

341. Schiffbruch an der Küste der Normandie. †

Carl Jutz

in Düsseldorf.

342. Jugendlicher Uebermuth. †

Carl Kahler
in München, Landwehrstrasse 52.

343. Ein neuer Roman. †
344. „Wohl lässt ein Pfeil sich aus dem Herzen zieh'n, Doch nie wird das Verletzte mehr gesunden."
(Schiller.) †
345. Abend. †

Friedrich Kaiser
in Berlin, Louisen-Ufer 27.

346. Eine Parade. †

Graf von Kalckreuth,
Professor, Mitglied der Königlichen Akademie der Künste zu Berlin, gr. Med. 1868, z. Z. in Kreuznach.

347. Montblanc. †

Werner von Kalitsch
in Düsseldorf, Pempelforterstrasse 62.

348. Winterlandschaft mit Rehen. †
349. Sauen. †

Friedrich Kallmorgen
in Karlsruhe, Hirschstrasse 7.

350. Sommertag in der Heide. †

Otto von Kamecke,
kl. Med. 1879, in Berlin, Keithstrasse 8.

351. Madatsch-Gletscher an der Stilfser-Joch-Strasse. †
352. Ortler von der Stilfser-Joch-Strasse aus. †
353. Ortler. †

Edmund Kanoldt
in Karlsruhe.

354. Dido und Aeneas auf der Jagd. (Figuren nach F. Keller.)
355. Sappho. †
Beide Gemälde im Besitze des Herrn A. Ackermann-Teubner in Leipzig.

Hermann Karow
in Königsberg i. Pr., Kunst-Akademie.
356. Der Schützenkönig. †

Fritz August Kaulbach,
kl. Med. 1877, in München, Schwanthalerstrasse 36b.
357. Portrait. Im Besitze des Herrn Rittmeister Heyl in Worms.

Friedrich Kaulbach,
Professor und Hofmaler in Hannover, Waterlooplatz 11.
358. Portrait Ihrer Königl. Hoheit der Frau Prinzess Albrecht von Preussen.
359. Portrait einer Dame. Im Besitze des Herrn Theodor Hoffmann, Hannover.

Hermann Kaulbach
in München.
360. Immo und Hildegard. (Grisaille.)
361. Friederun als Himmelskönigin. (Grisaille.)
Beide zur Gustav Freytag-Galerie gehörend.

Johanna Kawerau
in Berlin, Schöneberger-Ufer 13.
362. Portrait der Frau Geheimräthin W.
363. Bildniss nach dem Tode gemalt.
364. Portrait des Herrn D.

Hermann Kay
in Berlin, Bethanien-Ufer 2.
365. Jung und alt. †

Hugo Kempter
in Dresden, Circusstrasse 24.
366. Verrath? †

August Kessler
in Düsseldorf, Leopoldstrasse 12.

367. Bergische Landschaft. †
368. Hohlweg, Morgenstimmung. †
369. Frühlingsanfang im Buchenwald. †

Marie von Keudell
in Berlin, Königgrätzerstrasse 31, III.

370. Blick auf den Aventin vom Palazzo Caffarelli. †

Conrad Kiesel
in Düsseldorf, Schützenstrasse 4.

371. Reisepläne. Im Besitz der Kunsthandlung von N. L. Lepke, Berlin.

Otto Kirberg,
kl. Med. 1879, in Düsseldorf, Königl. Kunstakademie.

372. Sorgenvolle Stunden. †

Emil Kirchner,
Ehrenmitglied der Königl. Bayr. Akademie der bild. Künste in München

373. Burg Hohentwiel. †

Wilhelm Klein
in Düsseldorf, Schützenstrasse 51.

374. Mondaufgang. †
375. Am Chiemsee. †

Julius von Klever,
Mitglied der Kaiserl. Akademie der bildenden Künste zu St. Petersburg, z. Z. in Berlin, Leipzigerstrasse 41.

376. Der Weg auf dem Flusse. Im Besitz des Herrn Clementin Podmener in St. Petersburg.
377. Der letzte Schnee. †
378. Waldeinsamkeit. †

Ludwig Knaus,

Professor und Mitglied des Senats der Königlichen Akademie der Künste, gr. Med. 1861, in Berlin, Hildebrand'sche Privatstrasse 10.

379. Ein unwillkommener Kunde. Im Besitz der Kunsthandlung von N. L. Lepke in Berlin.

Otto Knigge
in Berlin, Königgrätzerstrasse 17.

380. Bildniss der Frau Baurath Raschdorf.
381. „ des Herrn Prof. Dr. Ribbeck.

Hugo Knorr,
Professor in Karlsruhe.

382. Der Göll von der Ramsau aus. †
383. Der Trillensee. †

Georg Koch
in Berlin, Kupfergraben 6a.

384. Falscher Start. †

Ferd. König
in München, Schwanthalerstrasse 42.

385. Frühling im Walde. †

Ernst Koerner
in Berlin N.W., Kronprinzen Ufer 5.

386. Dolma Bagtsche am Bosporus, die Schlösser des Sultans. Im Besitz des Herrn Commerzienrath E. Becker.
387. Kom Ombos am Nil. †

Heinrich Kohnert
in Königsberg i. Pr., Kalthöfschestrasse 18.

388. Ueberschwemmung, Motiv Ostpreussen. †

G. Koken
in Hannover.

389. Abendlandschaft. †
390. Heidelandschaft. †
391. Waldlandschaft. †

L. Kolitz,
Professor und Director der Königlichen Akademie der bildenden Künste in Cassel.

392. Portrait. Im Besitz des Herrn Ed. Lucas in Elberfeld.
393. Aus der Umgegend von Metz im Jahre 1870. Im Besitz der Königlichen National-Galerie zu Berlin.
394. Portrait (im Kunstcabinet). Im Besitz des Herrn Leopold Conzen.

Max Koner
in Berlin, Lindenstrasse 13, Atelier: Steglitzerstrasse 23.

395. Portrait.
396. Frühling. †

Mathilde Kopp
in Karlsruhe, Bismarckstrasse 27.

397. Im Boudoir. (Stillleben.) †

Albert Korneck,
Professor in Berlin, Anhaltstrasse 7.

398. Junger Schütze. †

Hugo Kotschenreiter
in München, Heustrasse 28.

399. Erinnerungen. †

F. Kraus
in Berlin, Dorotheenstrasse 60.

400. Portrait.
401. Portraits.
402. Erwachende Bacchantin. †
403. Rêverie. Weiblicher Kopf. †

Robert Krausse
in Dresden, Pragerstrasse 38.

404. Männliches Bildniss. (K. S. Art.-Major Freiherr von Mannsberg.)
405. Patrizierfrau. †

Wilhelm Kreling
in München, Schillerstrasse 21.

406. Vorlesung. †

Hermann Kretzschmer,
Professor, kl. Med 1862, in Berlin W., Kurfürstenstrasse 146.

407. An der Dorfstrasse. †
408. Portrait des verstorbenen Professor Z.

Carl Kronberger
in München, Schillerstrasse 29.

409. Zu spät entdeckter Einbruch. †
410. Indignation. †

Max Krusemark
in Rom, Via Condotti 29.

411. Motiv aus der Villa Matthäi. Rom. †

Erich Kubierschky
in Berlin, z. Z. in Breslau, Friedrichsstrasse 10.

412. Gebirgsbach. (Motiv im schlesischen Charakter.) †
413. Motive aus dem Altvatergebirge. Im Privatbesitz.

W. Kühling
in Berlin W., Margarethenstrasse 7.

414. Viehweide. †
415. Herbstmorgen in der Koppel. † ⎫
416. Herbstabend in der Nähe des Inn. † ⎬ Pendants.
417. Weibliches Bildniss.

Gemälde.

Walter Kühn
in Weimar, Eselsweg 2.
418. Beim Thierarzt. †

Ludw. Adam Kunz
in München, Schwanthalerstrasse 25.
419. Stillleben. †

Ulrike Laar
in Berlin W., Lützowstrasse 7.
420. Sei wieder gut! †

Franz Leinecker
in München, Landwehrstrasse 28.
421. Antike Idylle. †

Heinrich Leinweber
in Düsseldorf, Hohenzollernstrasse 3.
422. Försterfamilie. †
423. Das erste Gewehr. †
424. Vesperbrod. †

Vinc. St. Lerche
in Düsseldorf.
425. Schelmenlieder. †

Konrad Lessing
in Karlsruhe.
426. Mondaufgang. (Harzlandschaft.) †
427. Spätnachmittag. „ †
428. Sonnenuntergang. „ †

A. Leu,
gr. Med. 1848, Professor in Düsseldorf.
429. Strand bei Puzzuoli in Italien. †
430. Partie bei Chiavenna in Ober-Italien. †

Baronin Adelaide v. Leuhusen
in Berlin, Karlsbad 12/13.

431. Portrait.
432. „

Eduard Ritter von Lichtenfels,
Professor und Rector der K. K. Akademie der bildenden Künste in Wien.

433. Der Gipfel des Aetna. (Skizze.)

Joseph Lieck
in Berlin, Leipzigerstrasse 136.

434. Weibliches Bildniss.
435. Gespensterfurcht. †

Alexander Liezen-Mayer,
Professor, Direktor der Kuństschule in Stuttgart.

436. Erste Liebe. †
437. Erste Freundschaft. †

Emil Limmer
in Dresden, Circusstrasse 24.

438. Daheim. †

Lindemann-Frommel
in Rom.

439. Das Städtchen Capri (Vormittag). Privatbesitz.
440. Die Insel Capri vom Cap der Minerva aus (Nachmittag, gegen Sonnenuntergang). Im Besitze des Hrn. K. v. Watzdorf auf Wiesenburg, Brandenburg.

Linderum
in Dresden, Breitestrasse 17.

441. Aus der Fremde. †

W. Lindenschmit,
Professor in München, Schillerstrasse 29.

442. Gretchen. †

Clara Lobedan
in Berlin S.W., Hafenplatz 5.

443. Stillleben. †

Ernst von Loën
z. Z. Berlin W., Sigismundstrasse 5.

444. Nach dem Gewitter. †

Emil Löwenthal
in Rom, Via Margutta 33.

445. Deutsche Studenten der Theologie auf dem Monte Pincio in Rom. †

Richard Lorenz
in Weimar, Kunstschule.

446. Gänseweide. †

Margarethe Ludolff
in Berlin, Leipzigerstrasse 130.

447. Fruchtstück. †

Carl Ludwig,
Professor an der Kunstschule in Stuttgart, Kernerstrasse 13.

448. Cyklopenschlucht. †
449. Das Eisackthal mit dem Schlern in Südtyrol. Abendbeleuchtung. †

Holger Lübbers
in Kopenhagen.

450. Das Rettungsboot fährt nach einer gescheiterten Galeote. Motiv von Jütlands Westküste. †

Elisabeth Lüderitz
in Berlin, Alte Jakobstrasse 120b.

451. Page. †

Gemälde.

Jean Lulvès
in Berlin, Halleschestrasse 19.

452. Närrische Freude. †

Ascan Lutteroth
in Hamburg, Uhlenhorst.

453. Am Mittelmeer. †
454. Scoglie Vittoria Pegli. †
455. Palmen am Meer. †

Emma Lutteroth
in Hamburg, Pöseldorfer Weg 1.

456. Motiv von den Lofoten. †

Franz Maecker
in Weimar, Kunstschule.

457. Aus dem Parke von Weimar. †

Carl Malchin
in Weimar, z. Z. in Schwerin i. M., Steinstrasse 7.

458. Winterlandschaft, Motiv aus Thüringen. †
459. Mecklenburgische Landschaft mit Schafheerde. †

Christian Mali
in München, Landwehrstrasse 46.

460. Ein Morgen (Schafheerde). †
461. Am Bache, schwäbische Dorfpartie. †
462. Dorfweiher, Motiv aus dem bayerischen Gebirge.

Julius Mante
in Berlin C., Königsgraben 7.

463. Stillleben. †

Wilhelm Marc
in München, Schillerstrasse 18.

464. Im Klostergarten. †

Gemälde.

Jacob Maurer
in Cronberg bei Frankfurt a./M.
465. Waldlandschaft. †

F. C. Mayer,
Hofrath und Professor an der Kunstgewerbeschule in Nürnberg.
466. Saal im ehemals Hirschvogel-Rieder'schen Landhause in der Hirschelgasse zu Nürnberg. †

Adolf von Meckel
in Karlsruhe, Neue Kunstschule.
467. Frühlingsmorgen im Gebirge (Piz Sanina). †

L. von Meerscheidt-Hüllesem
in Berlin, Köthenerstrasse 31.
468. Grossvater und Enkelkind. †

Gustav Meissner,
kl. Med. 1866, in Berlin S.W., Lindenstrasse 29.
469. Märkischer Waldsee. †
470. Abend am Frischen Haff. †

Adolph Menzel,
Professor, Mitglied des Senats der Königlichen Akademie der Künste, gr. Med. 1856, in Berlin, Sigismundstrasse 3.
471. Zurückkehrende Procession (Gasteiner Gegend). Privatbesitz.
(S. Aquarellen, Zeichnungen.)

A. Metzener
in Düsseldorf.
472. Die Zugspitze bei Partenkirchen. †
473. Wetterhorn und Wellhorn in den Berner Alpen. †
474. Motiv von der Franzensfeste in Süd-Tyrol. †

J. G. Meyer von Bremen,

Professor, Ehrenmitglied der Königl. Akademie der bildenden Künste zu Amsterdam, kl. Med. 1850, in Berlin, Leipzigerstrasse 45.

475. Liebesgeständniss. Besitzer: Herr M. Knoedler in New-York.
476. Brüderchen schläft. Besitzer: Herr W. J. Syms in New-York.
477. Grossmutters Erzählung. Besitzer: Herr M. Knoedler in New-York.

Paul Meyerheim,

Mitglied der Königlichen Akademie der Künste, gr. Med. 1872, in Berlin, Matthäikirchstrasse 3.

478. Portrait Sr. Majestät des Kaiser Wilhelm. Im Besitz des Reichsgerichts zu Leipzig.
479. Kinderportraits.
480. Kinderportrait.
481. Mühle. Privatbesitz.
482. Plafond für ein Speisezimmer für die Villa Mendelssohn-Bartholdy.

(S. Aquarellen, Zeichnungen.)

Paul W. Meyerheim

in Berlin, Oranienburgerstrasse 51.

483. Rathhaus in Breslau. †
484. Waltershausen in Thüringen. †

Wilh. Meyerheim

in Berlin, Oranienburgerstrasse 51.

485. Winter-Reisende. †

Max Michael,

Professor an der Königlichen Akademie der bildenden Künste in Berlin, Lützowstrasse 75.

486. Hiob. †
487. An der Quelle. Eigenthum des Herrn H. B.

Julius Monien
in Königsberg i./Pr., Altstadt, Langgasse 6.
488. Weiden am Weiher. †

George Mosson
in Berlin, Leipzigerstrasse 136.
489. Männliches Portrait.

Georg Müller-Breslau
in Breslau, Schmiedebrücke 23.
490. Herbstabend. †
491. Der Zobtenberg (in Schlesien). †

C. W. Müller
in Dresden-Strehlen, Oststrasse 2.
492. Waldbach. †

Morten-Müller
in Düsseldorf.
493. Norwegisches Fischerdorf am Christianiafjord. †

Michael Munkacsy
in Paris.
494. Das Atelier des Künstlers mit seinem eigenen und dem Portrait seiner Frau. †
494a. Die beiden Familien. †

Susanne von Nathusius
in Berlin, Schöneberger Ufer 14.
495. Studienkopf. Privatbesitz.

David Neal
in München, Arcisstrasse 32.
496. La Châtelaine. †

Gemälde. 43

Emil Neide
in Königsberg i. Pr., Lindenstrasse 13.
497. Portrait Sr. Excellenz des Kanzlers des Königreichs Preussen Dr. v. Gossler. Eigenthum des Stadtmuseums zu Königsberg.

Fritz Nerly
in Rom, Via del Babuino 104.
498. Venetianische Marine. †

Fritz Neuhaus
in Düsseldorf, Königl. Kunstakademie.
499. Ein Schnadahüpfl. †

Carl Neümann,
Mitglied der Königlichen Akademie in Kopenhagen.
500. Küste auf Capri bei Sonnenaufgang. †

Gabriel Nicolet
in Düsseldorf, Königliche Kunstakademie.
501. Marktscene. †

Ludwig Nieper,
Professor und Director der Königlich Sächsischen Kunstakademie in Leipzig.
502. Weibliches Portrait.

Bengt Nordenberg
in Düsseldorf.
503. Ein Mittsommerfest in Schweden. †

Heinrich Nordenberg
in Düsseldorf, Rosenstrasse 3.
504. Schwierige Correspondenz. †

Axel Nordgren,
Mitglied der Königl. Kunstakademie zu Stockholm, in Düsseldorf.
505. Mondnacht im norwegischen Hochgebirge. †

A. Normann
in Düsseldorf.
506. Motiv vom Romsdalsfjord. †
507. Motiv von den Lofoten. †
508. Sognefjord. †

Eduard Ockel
in Berlin W., Steglitzerstrasse 22.
509. Der Reichenbach mit dem Wetterhorn, Wellhorn, Rosenlauigletscher. †
510. Siesta in der Elbniederung. †

G. Oeder
in Düsseldorf, Jacobistrasse 10.
511. Ein Novembertag. †

Hugo Oehmichen
in Düsseldorf.
512. Schulzwang. †

Clara Oenicke
in Berlin, Kurfürstenstrasse 163.
513. Portrait eines Knaben.

Carl Oesterley jr.
in Hamburg, St. Pauli, Hafenstrasse 71.
514. Sommernacht bei den Lofoten (im nördl. Norwegen). †

Marie Oesterley
in Hannover.
515. Im Frühling. †

Gemälde. 45

H. Oesterreich
in Berlin W., Motzstrasse 92.
516. Mondaufgang. †

Friedrich Ortlieb
in München, Georgenstrasse 1.
517. Der überwiesene Attentäter. †

Eduard Pape,
Professor, Mitglied der Königlichen Akademie der Künste, gr. Med. 1864, in Berlin S.W., Schönebergerstrasse 10.
518. Gewitter am Untersee mit der Reichenau bei Constanz. †
519. Uferlandschaft am Untersee. †
520. Waldlandschaft. †

Heinrich Paul
in Berlin S.W., Bernburgerstrasse 14.
521. Eine Schauspielerin beim Studium ihrer Rolle. †
522. Männliches Bildniss.

Fritz Paulsen
in Berlin, Dorotheenstrasse 28.
523. Portrait des Königl. Bayerischen Gesandten Herrn G. von Rudhart.
524. Portrait der Frau von Rudhart.
525. „ der Frau von Bülow.

L. von Perbandt
in Düsseldorf.
526. Waldlandschaft. †

Anna Peters
in Stuttgart, Rothebühlstrasse 1 B.
527. Päonien. †
528. Blumen und Früchte. †

Gemälde.

Heinrich Petersen
in Düsseldorf.

529. Schutzhafen an der dänischen Küste. †
530. Abendstimmung am Strande. †
531. Mondschein, Motiv bei Helsingör. †

Max Petsch
in Karlsruhe, Westendstrasse 21.

532. Frühlingsmorgen. †

Rosa Petzel
in Berlin, Kurfürstendamm 118.

533. Portrait der Gräfin K.
(S. Aquarellen, Zeichnungen.)

G. Pflugradt
in Berlin, Königgrätzerstrasse 51.

534. Rügensche Landschaft. †
535. Am Abend vor der Stadt. †
536. Alter Brunnen im Park. †
(S. Aquarellen, Zeichnungen.)

A. Pichler
in München, Canalstrasse 19a.

537. Der Tod Jacobs. †

Bruno Piglhein
in München.

538. Moritur in Deo. †

Bernh. Plockhorst,
Professor, kl. Med. 1859, in Berlin, Regentenstrasse 4.

539. Portrait des Herrn S.
540. „ einer Dame.
541. „ des Herrn C. H. (nach dem Tode gemalt).

Elisabeth Pochhammer
in Berlin, Matthäikirchstrasse 31.
542. Portrait.

Franz Pönitz
in Berlin W., Linkstrasse 18.
543. Frühlingsmorgen.

H. Pohle
in Düsseldorf.
544. Mondschein im Park. †
545. Ermatingen am Untersee. †

Leon Pohle,
kl. Med. 1879, Professor an der Königlichen Kunstakademie zu Dresden.
546. Ludwig Richters Bildniss. Im Besitz der Königl. National-Galerie zu Berlin.
547. Bildniss des Bildhauers Ernst Hähnel. Im Besitz des Herrn E. Cichorius in Leipzig.

Fedor Poppe
in Berlin, Schönebergerstrasse 17a.
548. Portrait.
549. Sans-Souci. †
550. Sie scherzen. †
551. Berliner Corso. †

Felix Possart
in Berlin, Matthäikirchstrasse 2.
552. Axenstrasse. †

Preller jun.
in Dresden, Blachmannstrasse 18.
553. Die Kaiserwand im Oetzthal (Tyrol). †

Gemälde.

Otto Press
in Berlin S.W., Lindenstrasse 29.

554. Mondlandschaft am Kochelsee in Bayern. †

Baronesse Hermine Preuschen
in Darmstadt, Stadtallee 1.

555. Sub Rosa: Stillleben. †
(Wandschirm, 3 Theile.)

Carl Probst
in Wien.

556. In der Kirche. †

Martha Protze
in Berlin, Verlängerte Genthinerstrasse 23.

557. Stillleben. †

Otto Rabe
in Königsberg i. Pr.

557a. Am Waldsee. †

Hellmuth Raetzer
in Düsseldorf.

558. Strandweg bei Sassnitz. †
559. Nordost-Küste von Rügen (Kreidebruch am Kieler Bach). †

Carl Rahtjen
in Stuttgart, Neckarstrasse 26.

560. Einsiedlers Heim. †

Eugen von Ransonnet
in Nussdorf am Attersee, Oberösterreich.

561. Hindufrauen am Valkeschwar-Teich in Bombay. †

Albert Raudnitz
in Blasewitz bei Dresden, Sommerstrasse 7b.

562. Guter Rath ist theuer. †

Gemälde. 49

Paul von Ravenstein
in Karlsruhe, Neue Kunstschule.
563. Eichenlandschaft in Abendstimmung. †
564. Stationsweg zur St. Anton-Kapelle bei Partenkirchen.†

Eugen von Rège
in Weimar, Alexanderplatz 2.
565. Corsoerinnerungen. †

Woldemar Graf Reichenbach
Keutzschkau bei Schmolz (Kreis Breslau).
566. Pax vobiscum. †

Max Rentel
in Königsberg i./Pr., Königliche Akademie.
567. Fischertanz. †

Albert Rheinemann
in Karlsruhe.
568. Grossvaters Seeabenteuer. †

F. G. Rheinfelder-Anspach
in Weimar, Belvedere Allee 2.
569. Sommernachts-Idylle. †

Gustav Richter,
Professor, Mitglied des Senats der Königlichen Akademie der Künste, gr. Med. 1864, in Berlin, Bellevuestrasse 5.
570. Italienisches Mädchen. †
571. Portrait.

Paul Ritter
in Nürnberg.
572. Der schöne Brunnen. Privatbesitz.

George Crosland Robinson
in Dresden, Bismarckplatz 10.

573. Portrait.
574. „

Carl G. Rodde
in Westend bei Charlottenburg, Akazien-Allee 48.

575. Abend am Albanersee (Pallazuolo mit Castel Gandolfo).

Carl Rodeck
in Hamburg, an der Koppel 94.

576. Waldlandschaft. †

Fr. Roegels
in Düsseldorf, Adlerstrasse 64.

577. Portrait.

Franz Rohrbeck
in Berlin O., Münchebergerstrasse 15.

578. Bildniss.

(S. Aquarellen, Zeichnungen.)

Max Roman
in Karlsruhe, Neue Kunstschule.

579. Aus dem Sabinergebirge. †

Wilhelm Rosenstand
in Kopenhagen.

580. Scene vor einem neapolitanischen Pulcinellitheater. †
581. Ein Mann der nicht weiss, was er essen soll. Motiv aus einer römischen Osterie. †

Fritz Rostock
in Berlin, z. Z. in Neapel.

582. Scene am Vomero, Frühjahrsstimmung. †

Joseph Rummelspacher
in Berlin, Lützowstrasse 7.
583. Abziehendes Gewitter. †

Julius Runge
in Düsseldorf, Pempelforterstrasse 80.
584. Fischzug auf Skagen. †

Franz Russ
in Wien III, Münzgasse 3.
585. Stillleben. †

J. G. Valentin Ruths,
Mitglied der Königlichen Akademie der Künste zu Berlin, kl. Med. 1872, in Hamburg, Uhlenhorst Fährstrasse 23a.
586. Felsschlucht. †
587. Winternacht im Wald. †
588. Abend im Wald. †

Ernst von Saucken
in Düsseldorf, Grafenbergerstrasse 17.
589. Jagd-Rendezvous. †
590. Begegnung. †

Gustav Schauer
in München, Briennerstrasse 38.
591. Tell. „Ich bin's Herr Landvogt."

Ferdinand Schauss,
Professor in Berlin, Vossstrasse 17.
592. Intérieur. †
593. Pferdeliebhaber. †
594. Portrait.

Carl Scheitz
in Cassel, Mauerstrasse 10.
595. Waldpartie in Tyrol. †

J. E. Friedrich von Schennis
in Weimar.

596. Am Abend. †

Carl Scherres,
Professor in Berlin, Potsdamerstrasse 132.

597. Trüber Tag an der Havel bei Berlin. Privatbesitz.
598. Lichtblick an der Havel bei Potsdam. †

Josef Scheurenberg,
Professor und Lehrer an der Königlichen Kunstakademie in Cassel,
Kl. Friedrichstrasse 3.

599. Portraitbild. Im Besitz des Künstlers.
600. Portrait des Oberpräsidenten der Provinz Hessen-Nassau Herrn Freiherrn von Ende.
601. Improvisator. †
602. Knabenkopf. †

Rudolf Schick
in Berlin, Feilnerstrasse 1.

603. Quelleinsamkeit. (Motiv vom Dianenbad bei Sorrent.)†
604. Frühling (Gardasee). † ⎫ Pendants.
605. Herbstanfang. (Englische Küste). † ⎭
606. Damenportrait.

Adolf Schlabitz
in Berlin, z. Z. Breslau, Friedrich-Wilhelmstrasse 7. III.

607. Während des letzten Verses in der Kirche. †
608. Intérieur aus Flinzberg in Schlesien. †

Hans Schleich
in Berlin, Schöneberger Ufer 41.

609. Vorgebirge Arcona auf der Insel Rügen. (Heraufziehendes Gewitter.) †

Gemälde.

Karl von Schlicht
in Kreuznach.
610. Schloss Chillon am Genfersee. †

Mathias Schmid
in München.
611. Ein Jägergruss. †

Hermann Schmidt
in Berlin, Weinmeisterstrasse 3.
612. Harzlandschaft. †
613. Portrait. Im Besitz des Herrn Alfred Richter.

Max Schmidt,
Professor an der Königlichen Akademie in Königsberg i./Pr., Mitglied der Königlichen Akademie der Künste in Berlin, gr. Med. 1868, in Königsberg i./Pr.
614. Ein Herbsttag am Müggelsee. †

Wm. Schmidt
in Ottersberg, Provinz Hannover.
615. Truppen-Transport-Dampfer auf hoher See. †

Wilhelm Schmitt
in Karlsruhe.
616. Stall im alten Kloster. †

H. Schnee
in Berlin, Halleschestrasse 18.
617. Beim schwarzen Muttergottesbilde. Motiv aus Beilstein an der Mosel. †
618. Alte Wassermühle. Motiv aus Bromberg. †
619. Mühlen im Jura. †
(S. Aquarellen, Zeichnungen.)

Gemälde.

Fritz Schneider
in Berlin, Jakobistrasse 3.

620. Jagd-Stillleben. †

Hermann Schneider
in München, Maximilianplatz 11.

621. Ein Cyniker. (Vor dem Tempel der Cythere.) †

Ed. Schoenfeld
in Düsseldorf.

622. Im Gebirge. †

Gustav Schönleber
in München, Arcisstrasse 34.

623. Aus der Normandie. Im Besitz des Herrn G. Herter, Stuttgart.

Julius Schrader
Professor, Mitglied des Senats der Königlichen Akademie der Künste, gr. Med. 1853, in Berlin, Friedrichstrasse 135.

624. Portrait des Herrn Commerzienrath F. aus Magdeburg.

Norbert Schrödl
in Berlin, Dorotheenstrasse 30.

625. Portrait der Freifrau v. D. G.
626. „ des Regierungsrath M.

Victor von Schubert-Soldern
in Dresden, Kaitzerstrasse 6. I.

627. Portrait.

Werner Schuch,
Professor in Hannover, Fischerstrasse 2.

628. Buschklepper. Landschaft mit Staffage aus dem 16. Jahrhundert. †
629. Grisaille zu Gustav Freytag's „Die Geschwister I." Bernhard bei Judith. Im Besitz des Herrn Schloemp in Leipzig.

Gemälde.

Gottfried Schultz
in Düsseldorf, Klosterstrasse 104.

630. Stillleben. †

Robert Schultze
in München, Frauenstrasse 4a.

631. Der Eibsee bei Partenkirchen. †
632. Norwegisches Hochgebirgswasser. †

E. Schulz-Briesen
in Düsseldorf.

633. Schachspiel. †
634. Weinprobe. †

Richard Schulz-Marienburg
in Berlin, Potsdamerstrasse 106a. I.

635. The Rocks of Isle of Wight. Strandbild. Abendlandschaft. †
636. Vom Hafen von Bergen. Norwegische Marine. †

Max Seemann
in Berlin W., Lützower Ufer 1.

637. Portrait des Herrn Kupferstecher Eilers.
(S. Aquarellen, Zeichnungen.)

Carl Seiffert
in Berlin, Besselstrasse 9.

638. Stadt und Schloss Werdenberg in der Schweiz. (Canton St. Gallen.) †

Chr. Sell
in Düsseldorf.

639. Kabellegung zum unterirdischen Telegraphen des Deutschen Reichs zwischen Berlin und Köln. — Ankunft der Arbeiter-Colonne bei Mühlheim a. Rh. und Besichtigung derselben durch Se. Excell. Dr. Stephan, General-Telegraphen-Direktor Budde, Geh. Rath Hucke u. s. w. Besitzer: Kommerzienrath Guillaume in Köln.

Nathanael Sichel
in Berlin, Kupfergraben 6a.

640. Portrait der Frau R.
641. Rêverie. †

Helene Sietze
in Berlin, von der Heydtstrasse 12.

642. Aus einem Park bei Rom. †

Otto Sinding
in Rom.

643. Auf Goderen, Norwegen. †

Franz Skarbina,
Lehrer an der Königlichen Akademie der bildenden Künste in Berlin, Leipzigerplatz 3.

644. Seelenaustausch. } Im Besitz des Herrn Dr. A. Fuchs.
645. Ein ernstes Wort. }
646. Sonnenuntergang. †
(S. Aquarellen, Zeichnungen.)

Hermann Sondermann
in Düsseldorf, Gartenstrasse 42.

647. Frohe Nachricht. †
648. Die Fütterung. †

Gustav Spangenberg,
Professor und Mitglied der Königl. Akademie der Künste, gr. Med. 1877, in Berlin W., Motzstrasse 3.

649. Die drei Frauen am Grabe des Herrn. †

Paul Spangenberg
in Berlin, Markgrafenstrasse 88.

650. Evchen.

Heinrich Sperling
in Berlin, Kurfürstenstrasse 54.

651. Nero und Nellie. (Rassen-Type der deutschen Dogge.) †

Marie Spieler
in Breslau, Werderstrasse 11.

652. Portrait.
653. Wirthstöchterlein. †
654. Altdeutscher Gelehrter. †

Adolf Stachowiack
in Berlin, Königgrätzerstrasse 50.

655. Bildniss der Frau v. P.

Adolf Stäbli
in München, Heustrasse 29.

656. Landschaft aus der Umgegend des Ammersee's. †
**657.   „   bei Regenstein am Harz. †

Carl Steffeck,
Professor, Mitglied der Königlichen Akademie der Künste, kl. Med. 1848, in Berlin, Hollmannstrasse 17.

658. Portrait einer Dame.
659. Pferdeportrait. Im Besitz des Herrn Hugo Raussendorf in Berlin.
660. Ostseestrand. Privatbesitz.

August Stegmann
in Dresden.

661. Benedicamus Domino. (Motiv aus dem St. Afra-Kloster zu Meissen.) †
662. Parmegiano vollendet während der Erstürmung Roms durch den Connetable von Bourbon (1527) trotz der eindringenden feindlichen Mannschaften (darunter deutsche Landsknechte) ruhig sein Heiligenbild. (Die Madonna mit dem langen Halse). †

Friedrich Carl Steinhardt
in Rom, Via S. Martino al Maccao, Casa Story.

663. „Peccatum-Mors." Im Besitz des Herrn A. C. Steinhardt in Hamburg.

Heinrich Steinike
in Düsseldorf.

664. Landschaft aus dem Ober-Engadin. †
665. Heidelandschaft. †

Ferdinand Stettin
in Berlin, Weidendamm 1. II.

666. Vor der Einfahrt. †

Alex. Stichart
in Dresden, Zittauerstrasse 25.

667. Todesahnen. †
(S. Aquarellen, Zeichnungen.)

George Adolphus Storey
in London.

668. Zu spät für die Kirche. †

Emil Striemer
in Berlin, Stallschreiberstrasse 8.

669. Auf der Flucht. †

Helene Stromeyer
in Karlsruhe.

670. Am Friedhofe. †
671. Ein Brunnen in Lichtenthal. †

Otto Strützel
in Düsseldorf, Jägerhofstrasse 12.

672. Felsenküste auf Rügen. †
(S. Aquarellen, Zeichnungen.)

Alexander Struys,
Professor der Grossherzoglichen Kunstschule in Weimar.

673. Alles dahin. †
674. Allein beim Stelldichein. †

Wilhelm Stryowski,
kl. Med. 1864, in Danzig, Petershagen 14.
675. Der Spiegel. †
676. Sommerfäden. †

Franz O. Stückenberg
in München, Augustenstrasse 8. I.
677. Im Studirzimmer. †

Fr. Sturm
in Berlin W., Lützower Ufer 30.
678. Wismar von der Seeseite.
679. Warnemünde von der Seeseite. Beide im Besitz des Herrn Rentier H. E. Freund.

Wladislaw Szerner
in München, Schwanthalerstrasse 19.
680. Polnische Reiter aus dem 30jährigen Kriege. †

Emil Teschendorff
in Berlin, Königin-Augustastrasse 45. Atelier: Kunst-Akademie, Unter den Linden 38.
681. Portrait.
682. Zeitvertreib. †
(S. Aquarellen, Zeichnungen.)

Johann Textor
in Prag, Katharinagasse 42.
683. Eine Frage. †

Fritz Thaulow
in Lysekiel in Schweden.
684. Motiv von der alten Festung in Christiania. †

Arthur Thiele
in Dresden, Zittauerstrasse 22.
685. Wintermorgen. †
686. Winterabend. †

Adolf Thomas
in Dresden, Blumenstrasse 5.

687. Landschaft mit mythologischer Staffage (Diana und Aktäon). †
688. Herbstabend an der Elbe in Böhmen. †
(S. Aquarellen, Zeichnungen.)

Otto von Thoren
in Paris, 96 Rue Blanche.

689. Kühe auf der Weide. Im Besitz des Herrn Hugo Raussendorf in Berlin.

Aurelio Tiratelli
in Rom, Via Margutta 33.

690. Kämpfende Stiere in der römischen Campagna. †
691. Ein Herbstabend in Anagni (Neapel). †

Adele Tobias
in Berlin, Victoriastrasse 37.

692. Portrait einer Dame.
693. „ des Herrn Professor Doepler.

Moritz Treuenfels
in Rom, 43 Bocca di Leone.

694. Der Amateur. †
(S. Aquarellen, Zeichnungen.)

Karl Triebel,
Professor und Hofmaler in Berlin, Dragonerstrasse 22.

695. Harzlandschaft, nach Motiven aus dem Radau-Thal bei Harzburg. †

Wilhelm Trübner
in München, Theresienstrasse 54.

696. Stillleben, Kohl. †

Ch. Tschaggeny
in Brüssel, 1 Rue de l'Abondance.

697. Ein flandrischer Hengst. †

Albert Tschausch
in Berlin, Köpnickerstrasse 184.

698. Lorenzo und Jessika. (Kaufmann v. Venedig. Act. V.) Privatbesitz.
699. Mutter und Kind. Portraits.
700. Venezianerin Tauben fütternd. †
701. Julia Capulet im Begriff, den ihr von Pater Lorenzo gegebenen Trank zu nehmen um sich in den Scheintod zu versetzen. (Romeo und Julia, Shakespeare.) †

Paul Tübbecke
in Weimar.

702. Motiv bei Weimar. †
703. Idylle. †

Johann Baptist Tuttiné
in Karlsruhe, Alte Kunstschule.

704. Ernste Anfrage. †

Franz Ulrich
in Berlin, Metzerstrasse 27.

705. Bestrafter Uebermuth. †

Georg Urlaub

706. Scene aus dem Don Quixote. Sancho Pansa als Statthalter. †
707. Im Walde. †

W. Velten
in München, Mittererstrasse 11.

708. Blaue Husaren. †
709. Grüne Husaren. †

Lorenz Vogel
in München.
710. Ein goldenes Hochzeitspaar. Portraits.

Rudolf von Voigtländer
in Berlin, Genthinerstrasse 22.
711. Portrait.

Antonie Volkmar
in Berlin, Regentenstrasse 6.
712. Bin ich versetzt worden?

Otto Vollrath
in Weimar, Kunstschule.
713. Ein gefundenes Frühstück. †

Bernard Volpert
in Nottuln bei Münster.
714. Besuch der Grossmutter. †

Heinrich Vosberg
in München, Lindwurmstrasse 75.
715. Waldweg. †
716. Abend. †

Alfred Wahlberg
in Paris.
717. Eine Mondnacht im Monat August zu Winga bei Gothenborg (Schweden). †

Heinrich Waldschmidt
in Berlin, Bülowstrasse 85.
718. Christus-Consolator. †
  Unter Zugrundelegung des Bibelspruches „Kommet her zu mir Alle, die Ihr mühselig und beladen seid, ich will Euch erquicken."

Gemälde.

Gustav Graf Wartensleben
in Stuttgart.

719. Scharfrichter aus dem 16. Jahrhundert. †

Max Weese
in Berlin, z. Z. in Liegnitz, Piastenstrasse 4.

720. Eine Ueberraschung. †
721. Heiderosen. †

B. Wegmann
in Écouen bei Paris.

722. Damenportrait.
723. Nachtstück. †

Anton Weinberger
in Charlottenburg, Goethestrasse 2.

724. Hector } Hundeportraits. Pendants. †
725. Möpsi }
726. Cäsar's Ruhe. †

Josef Weiser
in München, Schwanthalerstrasse 49.

727. Austritt aus dem Museum. †
728. Flötenständchen. †

Emil Weiss
in Königsberg i. Pr., Kunst-Akademie.

729. Im Stift. †
730. „Die Katze?" †

Emilie Weisser
in Stuttgart, Leonhardtstrasse 6.

731. Das goldene Zeitalter. †

Carl Wendling
in Berlin, Schumannstrasse 1a. III. Atelier: Unter den Linden 38.

732. „Io Bacche!" †
733. Studienkopf. †

Jos. Wenglein
in München, Schwanthalerstrasse 30.

734. Aus einem bayerischen Hochmoor, am Fusse der oberbayerischen Alpen. †

J. L. Wensel
in Berlin.

735. Portrait. Eigenthümer: Se. Excellenz Ly Fong Pao, Chinesischer Gesandter in Berlin.

Julius Wentscher
in Königsberg i. Pr., Kalthöfischestrasse 30.

736. Samländische Ostseeküste. †

Anton von Werner,
Professor, Direktor der Königlichen Akademie der bildenden Künste und Mitglied des Senats, kl. M. 1874, in Berlin, Potsdamerstrasse 113.

737. Die Taufe. Im Besitz Ihrer Kaiserl. und Königl. Hoheit der Frau Kronprinzessin.
738. Sturm auf den Spicherer (Rothen) Berg, General von François an der Spitze der 9. Compagnie des 39. Inf.-Regiments. 6. August 1870.
739. Portrait des General-Feldmarschall Grafen von Moltke.
740. Portrait des Reichskanzler Fürsten von Bismarck.

(738, 739 und 740 Dekoration einer Wand des Rathhaus-Saales zu Saarbrücken.)
(S. Aquarellen, Zeichnungen.)

Aurelie Werner
in München, Karlsstrasse 15.

741. Weiblicher Kopf. †
742. Ein Portrait. †

Fritz Werner,
Mitglied der Königl. Akademie der Künste, kl. Med. 1878, in Berlin.

743. Aus der Dresdener Galerie. †

Gustav Wertheimer
in Wien.
744. Andromeda und Perseus. †

Felix Wichert
in Berlin, Kurfürstenstrasse 13.
745. Einst †
746. Jetzt. †

Wilhelm Wider
in Berlin, Schönebergerstrasse 9.
747. Portrait des Herrn G. G.
748. „ „ Herrn O. v. K.
749. „ „ Herrn Baron v. P. N.

Christian Wilberg,
Lehrer an der Königlichen Akademie der bildenden Künste in Berlin, Kaiserin-Augustastrasse 79.
750. Italienischer Park, Motiv aus Villa d'Este. †
751. Wald mit Bach, aus dem Ilsethal. Pendant zum vorigen. †
752. Solitude. Lateinische Küste zwischen Nettuno und dem Thurm von Asdura. †

Martin Wilberg,
Lehrer an der Akademie der Künste in Leipzig, Schloss Pleissenburg.
753. Reise-Instructionen. †

Josef Willroider
in Düsseldorf, Adlerstrasse 32.
754. Waldausgang. †

Ernst Winckelmann
in Berlin, Hausvoigteiplatz 11a.
755. Motiv aus Falkenberg in der Mark. †

Friedr. Wilh. von Winterfeldt
in Düsseldorf, Klosterstrasse 26.
756. Mondaufgang bei Constanz am Bodensee. †

Oscar Wisnieski
in Berlin, Universitätstrasse 3.
757. Tanz im Freien. †
758. Jagd auf einen Wolf. †

Friedrich Wittig
in Berlin, Schiffbauerdamm 35.
759. Vergissmeinnicht. †
760. Marienblümchen. †

Oscar Woite
in Berlin N.W., Haendelstrasse 8.
761. Königstiger und Hirschziegen-Antilope. †

Otto Wolf
in Dresden, Pillnitzerstrasse 44. IV.
762. Scene aus dem Bauernkriege. †
Florian Geyer fordert die Unterschrift der zwölf Artikel von dem Bürgermeister zu Weinsberg im Jahre 1522.

Berthold Woltze
in Weimar, Kurthstrasse 8.
763. Was sich liebt, neckt sich. †

Josef Wopfner
in München, Findlingstrasse 28.
764. Fähre auf dem Chiemsee. †
765. Fischer auf dem See bei Sonnenuntergang. †

Carl Wünnenberg
in Rom.
766. Idylle.

Christian Zahrtmann
in Kopenhagen.
767. Eine Müllerin mit ihrem Kinde. †

Theodor Ziegler
in Berlin, Köthenerstrasse 15.
768. Graf Moltke. †
769. Ein weibliches Brustbild (Matrosenkleidung). †

Wilhelm Zimmer
in Weimar, Kunstschule.
770. Zum Christmarkt. †
771. Bauernhof in Thüringen. †

Ernst Zimmermann
in München, Karlstrasse 36.
772. Der Aufschneider. †

Felix Zöpke
in Berlin, Potsdamerstrasse 7a.
773. Kinderportrait.

Emil Zschimmer
in Weimar.
774. Ostern. †
775. Frühlingsabend. †

Marian Corlier
in London.
775a. Die Sünden der Väter.

Elmore
in London.
775b. Griechische Ode.

R. J. Gordon
in London.
775c. Winter. †

A. Lins
in Cassel.
775d. Hessische Dorflandchaft.

II.
Aquarellen, Zeichnungen.

Friedrich Adler,
Geheimer Baurath und Professor, Mitglied der Königlichen Akademie der Künste in Berlin, Königgrätzerstrasse 80.

776. Abend in Griechenland. Motiv: Korinth. Aquarell. Privatbesitz.
(S. Architektur.)

K. Alfieri
in Berlin, Breitestrasse 22.

777. Stillleben. Aquarell. Privatbesitz.

Hans Bartels
in Hamburg, Oben Borgfelde 17.

778. Strasse auf Capri. Aquarell. †

Ferdinand Barth,
Professor an der Königlichen Kunstschule in München, Landwehrstrasse 9.

779. Entwurf zu einem Handwerkerfestzug. Handzeichnung. †

Hermann Behmer
in Weimar.

780. Bildniss von Frl. Th. Stichling. Aquarell.

Aquarellen, Zeichnungen. 69

Ferd. Bellermann,
Professor in Berlin.

781. 782. 2 Zeichnungen, Studien aus Terni und Tivoli.

Blaschnick
in Warmbrunn.

783. Via Sacra mit dem Titusbogen in Rom. †
784. Blick auf das Cap Circello bei Velletri. †
785. Aussicht von S. Pietro in Vinculi auf's Capitol und Aracoeli in Rom. †

Hans Bryner,
Professor in Lausanne.

786. Buchenwald in der Nähe von Lausanne. Sepiabild. †

Josef Burda
in Berlin, Steglitzerstrasse 61, vom October an Königgrätzerstrasse 53.

787. Damenportrait. ⎫
788.   „   ⎬ Aquarellen.
789.   „   ⎭

Ludwig Burger,
Professor, Mitglied der Königlichen Akademie der Künste in Berlin W., Kurfürstendamm 138.

790. 7 Cartons zu Glasmalereien, Bildnisse brandenburgisch-preussischer Regenten, ausgeführt im K. Institut für Glasmalerei hierselbst, für den „Kurfürstenkeller" des Herrn Richter hier, Poststr. 5.
791. 1 Rahmen mit Farbenskizzen für denselben Zweck.
792. 10 „ mit einer Folge von Entwürfen, Zeichnungen, Titelvignetten und Schlussverzierungen für den Text der 25. (Jubel-) Ausgabe der „Goethe Galerie." Verlag von Fr. Bruckmann in München. Eigenthum desselben.

Choulant,
Hofmaler in Dresden.
793. Hof im Schloss zu Dresden.
794. Veste Coburg.
795. Schlosshof in Torgau.
Aus dem Cyclus der Wandgemälde: die sächsischen Stammburgen, im Schloss zu Meissen.

Hermann Clementz
in Berlin.
796. Fort St. Elmo, Neapel. Aquarell. †

W. C. T. Dobson,
Mitglied der Königlichen Akademie der Künste in London.
797. Luscinda.

Dressler - Berlin
in Berlin, Ritterstrasse 77.
3 Aquarellen.
798. Ideale Landschaft (Venus und Psyche). †
799. Landschaft aus der Ukermark. †
800. Havellandschaft. †

Richard Friese
in Berlin, Grimmstrasse 37.
3 Federzeichnungen.
801. Katzen. †
802. Tiger. †
803. Antilope. †

Leonhard Gey
in Dresden, Chemnitzerstrasse 7
804. Verkündigung des Westfälischen Friedens zu Osnabrück. †

John Gilbert
in London.
805. Die Standartenschlacht. Aquarell. †

Paul Graeb jun.
in Berlin.
3 Aquarellen.
806. Motiv aus Kitzbüchel (Nord-Tyrol). †
807. Strasse in Bergamo. †
808. Am Ufer der Maas. Motiv aus Blaimont. †

Kurt Grunert
in Berlin, Lindenstrasse 79.
809. Tischkarte zum 50jährigen Stiftungsfest der Berl. Geogr. Gesellschaft. Originalzeichnung in Feder und Tusche für Photographie. †
810. Sulle morte d'un Eroe. Aquarell. †
811. Aquarell. †

Paul Händler,
Lehrer an der Königlichen Kunstschule in Berlin, Lützowplatz 1.
812. Christus heilt den Kranken am Teich Bethesda. Ev. Joh. 5, V. 8. Bleizeichnung. Privateigenthum.
813. Kreuzigung. Entwurf in Kreide und Tusche, ausgeführt für die Kirche zu Sesswegen in Livland. Privateigenthum.

Wilhelm Herwarth
in Berlin, Weinstr. 6, vom 1. October an in Schöneberg, Sedanstr. 100.
814. Ansicht des Franziskanerklosters zu Pirna. Aquarell. †

Adolf Hinze
in Blankenburg am Harz.
2 Kohlenzeichnungen.
815. Hünengrab. †
816. Malstein (welcher in alter Zeit auf einem Schlachtfelde errichtet worden ist).

Eduard Hübner
in Berlin.
2 Aquarellen.
817. Frühling. †
818. Mai. †

Aquarellen, Zeichnungen.

Ernst Kiesling
in Berlin, Alte Jacobstrasse 145.

819. Liebesfrühling. Gouache. †
820. Idylle. Federzeichnung. †

Otto Knille,
Professor und Mitglied der Königl. Akademie der Künste, kl. Med. 1876,
in Berlin W., Ziethenstrasse 5.

821. 3 Federzeichnungen nach pergamenischen Sculpturen.

Carl Koch
in Rixdorf, Berlinerstrasse 113.

822. Berliner Strassenbild. †

Hermann Krabbes,
Professor in Karlsruhe.

2 Aquarellen.
823. Waldsee im Hochgebirg. †
824. Portal von S. S. Giovanni e Paolo, Venezia. †

Mary
in Zala in Ungarn.

825. Portrait des Herrn Zichy.
826. In Gedanken. †
827. Mater dolorosa. †
828. Epheu-Natur. †
829. Todesengel. †

Adolph Menzel,
Professor und Mitglied des Senats der Königlichen Akademie der Künste
in Berlin.

3 Gouache-Bilder.
830. Reisepläne. †
831. Das Innere der Schmiede zu Hof-Gastein. } Reisestudien.
832. Blick von einem Balkon der Villa Hermann hinab in's Gasteiner Thal. } Im Besitz der Königlichen National-Galerie.

Aquarellen, Zeichnungen.

Edgar Meyer
in Innsbruck, Margarethenplatz 2.
3 Aquarellen.
833. Antikes Theater bei Syracus (Abendbeleuchtung). †
834. Olympeyon bei Syracus. †
835. Ansicht von Innsbruck. †

Paul Meyerheim,
Mitglied der Königlichen Akademie der Künste in Berlin.
836. A. B. C. Buch. 25 Federzeichnungen (Verlag von G. Stilke).

V. Paul Mohn
in Dresden, Striesenerplatz 8.
837. Drei Landschaftsbilder aus der sächsischen Schweiz. Aquarellen. Im Besitz des Herrn Ed. Cichorius in Leipzig.

Ernst Ervin Oehme,
Professor in Blasewitz bei Dresden, Residenzstrasse 37.
838. Die Patricier-Hochzeit. Aquarell. †

Ludwig Passini,
Professor, Mitglied der Königlichen Akademie der Künste, gr. Med. 1876 in Venedig.
839. In der Sakristei. Aquarell. Privat-Eigenthum.

Rosa Petzel
in Berlin, Kurfürstendamm 118.
840. Portrait des Fräulein H. Pastellbild.
841. Weibliches Portrait. „

C. G. Pfannschmidt,
Professor, Mitglied des Senats der Königlichen Akademie der Künste in Berlin, Luisenplatz 8.

Zwei Zeichnungen zum „Vater unser" (Beginn eines Cyclus).
842. Die Anrede: Vater unser, der Du bist im Himmel.
  Als ein Testament Christi wird dieses Gebet von Engeln der Welt entgegen getragen. Darunter Wesen und Werth des Gebets, als Lebensquelle dargestellt.

843. Die erste Bitte: Geheiliget werde Dein Name.
Das Opfer des Elias auf dem Berge Carmel, wo sich der Name Gottes bezeugt. Darunter, in Reliefdarstellungen, die Auslegung dieser Bitte: der Name durch Anrufen, Bitten, Loben und Danken geheiligt.

G. Pflugradt
in Berlin.

844. Ein Rahmen mit vier Aquarellen. †

Oscar Poelchau
in Riga.

845. Ein Rahmen mit drei von Randzeichnungen umgebenen Wartburg-Ansichten. †

Franz Rohrbeck
in Berlin.

846. Ein Staatsmädel. Aquarell. †

Otto Scherfling
in Berlin, Neue Wilhelmstrasse 12.

3 Aquarellen.

847. Abendlandschaft mit Rehen, Motiv aus Dessau. †
848. Mühle am Waldbachstrupp bei Hallstadt, Salzkammergut. †
849. Hafen von Riva, Garda-See. †

Jenny Schermaul
in Prag, Wenzelplatz 49.

850. Blumen. †

Alma Schindler
in Dresden, Seilergasse 15.

851. Wiesenblumen. Gouache. †
852. Frühlingsblumen. „ †

H. Schnee
in Berlin.

853. An der Mosel. Aquarell. †
854. Auf dem Lande. „ †

Max Seemann
in Berlin.
2 Aquarellen.
855. Italienischer Hirt. †
856. Verlobt. †

Franz Skarbina,
Lehrer an der Königlichen Akademie der bildenden Künste in Berlin.
857. Spanierin. Aquarell. †
858. Incroyable. Gouache. †
859. Sitzende Dame. (Empire-Studie.) Aquarell. †

Louis Spangenberg,
Mitglied der Königl. Akademie der Künste in Berlin, Kurfürstenstr. 132.
860. Kurische Nehrung. †
861. Krater bei Geroldstein (Eifel).
Cartons zu den im Vestibul der Berg-Akademie ausgeführten Wandbildern.

Alex. Stichart
in Dresden.
862. Im Chor von Ara coeli in Rom. Aquarell. †

Fritz Stoltenberg
in München, Schwanthalerstrasse 18.
2 Aquarellen.
863. Strasse in Algier. †
864. Auf einem arabischen Friedhof, Algier. †

Wilhelm Streckfuss,
Professor und Lehrer an der Königlichen Akademie der bildenden Künste in Berlin, Grossbeerenstrasse 84.
865. Landschaft, Motiv aus Ostpreussen. Aquarell. †
866. Weibliches Portrait. Aquarell.

Otto Strützel
in Düsseldorf.
867. 3 Originalzeichnungen. Deutsche Landschaften. †

Aquarellen, Zeichnungen.

Emil Teschendorff
in Berlin.
868. Abend. Motiv von Misdroy. (Aquarell.) †

G. Theuerkauf
in Berlin, Wartenburgstrasse 27.
869. Bleistiftzeichnung. †
870. Aquarell. †

Adolf Thomas
in Dresden.
871. Italienerin. Aquarell. †

Moritz Treuenfels
in Rom.
872. Aquarell. †

Heinrich Weltring
in Berlin, Ziegelstrasse 21.
873. Zeichnung einer Thür.
(S. Bildwerke.)

Anton von Werner,
Professor, Director der Königl. Akademie der bildenden Künste in Berlin.
874. Mussestunden in Heringsdorf. Aquarell.
875. Portrait C. F. Lessings. Handzeichnung.
875a. Se. Majestät der Kaiser. Portraitstudie.

R. Werner
in Rom, Via Sistina 72.
876. Italienische Obsthändlerin. †

III.

Kupferstiche, Lithographieen und Holzschnitte,

sowie Zeichnungen für dieselben.

Carl Becker
in Berlin, Schönhauser Allee 170.

877. Die Tochter Palma vecchios, Kupferstich nach dem im Königl. Museum zu Berlin befindlichen Bilde von Palma vecchio.

878. Portrait des Grafen von Raczynski. Stahlstich in Schwarzkunstmanier, nach einem Bilde von Madrazo. Eigenthum des Herrn Grafen von Raczynski.

Richard Bong
in Friedenau bei Berlin, vom 1. October Berlin, Teltowerstrasse 51.

879. Rubens Sohn. Clair obscur Holzschnitt nach dem Rubens'schen Gemälde aus der Galerie des Museums zu Berlin. Eigenthum des „Deutschen Familienblatts" (J. H. Schorer's Verlag).

880. Clair obscur Holzschnitt nach einer Zeichnung des Herrn Prof. Knille in Berlin.

Gustav Eilers
in Berlin, Luckenwalderstrasse 1.
881. Portrait des Direktors der Königl. Gemälde-Galerie zu Dresden Prof. Dr. Julius Hübner. Radirung. Verlag von Paul Bette in Berlin.
882. 2 Original-Radirungen zu „Strand- und Landbilder von der Ostsee." Verlag von Paul Sonntag. (P. Scheller's Sortiments-Buchhandlung) in Berlin.

G. Engelbach
in Berlin W., Margarethenstrasse 7.
883. Der grosse Kurfürst, gemalt von W. Camphausen. Lithographie. Verlag von Rud. Schuster in Berlin.

Wilh. Grohmann
in Berlin N., Wörtherstrasse 8.
884. Cotopaxi. Radirung.
885. Mountain of the Holy Cross. Radirung.

Wilh. Hecht
in München, Briennerstrasse 32.
886. 2 Rahmen mit Holzschnitten.
887. 2   „   „   Radirungen.

Victor Jasper
in Wien X, Columbusgasse 1.
888. Portraitstich: Professor E. Mandel. (Aus Graphische Künste, Band II. Heft III.)

Max Georg Klinger
in München, Schwanthalerstrasse 10a.
889. 2 Holzschnitte nach Federzeichnungen.
890. 6 Federzeichnungen. †
   Textumrahmungen zum Werke „Amor und Psyche".

Kupferstiche, Lithographieen und Holzschnitte. 79

891. 23 Radirungen zum Werke „Amor und Psyche". Eigenthümer: Theodor Ströfer in München.
1. Cyklus Radirungen. Opus 3. Eva und die Zukunft, ein Capriccio.
892. Eva.
I. Zukunft.
893. Die Schlange.
II. Zukunft.
894. Adam.
III. Zukunft.

Emil Krell
in Leipzig, Nordstrasse 56.

895. Ein Rahmen enthaltend Holzschnitte nach Zeichnungen von H. Knackfuss, aus dem Werke „Der grosse Kurfürst und seine Zeit". Verlag von Velhagen und Klasing in Leipzig.
896. Ein Rahmen enthaltend Holzschnitte. Nach Original-Photographieen, photographisch auf Holz übertragen, geschnitten für die „Allgemeine Weltgeschichte in Einzeldarstellungen", Verlag der G. Grote'schen Verlagsbuchhandlung in Berlin.

Bernhard Mannfeld
in Berlin S., Sebastianstrasse 83.

897. Radirung: Bacharach am Rhein. †
Verlag von Stiefbold & Co. in Berlin.

Hans Meyer
in Berlin, Kaiserin-Augustastrasse 80.

898. Ein Rahmen mit 9 Radirungen für das Stammbuch der National-Galerie. Verlag von Rud. Schuster in Berlin.

Ludwig Michalek
in Wien IV, Wieden, Hüngelbrunngasse 12.

899. Portait (Radirung) von Hartmann, nach einer Handzeichnung von A. von Werner.

Joh. Leonh. Raab,
Professor an der Königlichen Akademie in München.

900. Ein Rahmen mit 7 Radirungen nach Van Dyk (Portraits).
901. Madonna nach Titian, aus der Belvedere-Galerie in Wien. Kupferstich.

Wilhelm Rohr
in Königsberg i. Pr., Königliche Kunstakademie.

902. 6 Original-Radirungen in 3 Rahmen, nach Bildern von Teniers, aus der Alten Pinakothek in München.
903. Ein Portrait (Radirung).

J. Sonnenleiter
in Wien.

904. Rubens Venusfest (Linienstich).
Verlag der Gesellschaft für vervielfältigende Kunst in Wien.

IV.

Bildwerke.

Otto Ast
in Friedenau bei Berlin, Ringstrasse 36.
905. Spielende Kinder. 2 dekorative Reliefs. †

Heinrich Baerer
aus New-York, z. Z. in Berlin.
3 Portrait-Medaillons:
906. Mr. Ricard (Direktor einer Bank in Brooklyn).
907. Mr. Gabriel Harrison (Maler in Brooklyn).
908. Mr. Paul Schulze (Architekt in New-York).

Robert Bärwald
in Berlin, Auguststrasse 39. II., Atelier: Münzstrasse 10.
909. Büste Sr. Excellenz des Herrn Staatsministers Camphausen. Nach dem Leben modellirt.

C. Behrens
in Dresden, Kleine Plauenschegasse 25.
910. Hagen wirft den Kaplan König Gunther's in die Donau. †

C. A. Bergmeier
in Berlin N., Schwedterstrasse 2, Atelier: W., Karlsbad 21.
911. Orpheus Verzweiflung über den Tod der Euridice. (Gruppe für Marmor.) †
912. Portraitbüste.

Adolf Brütt
in Berlin, Lehrterstrasse 12.

913. Portraitbüste.
914. Gruppe: „Aufgeschaut." †

Otto Büchting
in Berlin, Linkstrasse 7/8.

915. Portraitbüste in Marmor.
916.   „   in Gips.

Helene Büttner
in Berlin, Weissenburgerstrasse 75.

917. Wüstenkönig. Wachsmodell. †

Joseph Drischler
in Berlin, Barnimstrasse 31.

918. Portraitbüste.

Adolf Donndorf,
Professor in Stuttgart.

919. Büste des Herrn Schöll.
920. Medaillonportrait.

Gustav Eberlein
in Berlin, Atelier: Kunst-Gewerbemuseum, Königgrätzerstrasse.

921. Victorie, die eine Kaiserbüste bekränzt. Gipsmodell. †
922. Knabe, durch einen Dorn verwundet.   „   †
923. Ein Dornauszieher. Gipsmodell. †
(Gruppe auf einer Holzsäule.)

Erdmann Encke
in Berlin, Von der Heydtstrasse 5.

925. Weibliche Büste. Gipsmodell.

M. Ezekiel
in Rom.

926. Opfer-Knabe. Marmor-Statue. †

Bildwerke.

Cuno Friederichs
in Berlin, Von der Heydtstrasse 5.

927. Weiblicher Studienkopf. (Marmor.) †

Johannes Sophus Gelert
in Berlin, Alte Schönhauserstrasse 38. IV.

928. Portraitbüste des Herrn Prof. Dr. G. L.

A. Genschow
in Berlin, S.W., Hollmannstrasse 34.

929. Acht Portraits einer Familie, in Bronze, in einem Rahmen, gegossen von M. Czarnikow, ciselirt von Mertens.

930. } Obotriten, sich und ihre Pferde zum Kampfe rüstend.
931. } Zwei Hilfsmodelle in bronzirtem Zink. †
 (Im Allerhöchsten Auftrag Sr. Königl. Hoheit des Grossherzogs von Mecklenburg-Schwerin, in colossaler Grösse für die Schlossbrücke in Schwerin in bronzirtem Zink ausgeführt.) Gegossen von M. Czarnikow.

Edmund Gomansky
in Berlin, Zehdenickerstrasse 7a.

932. Portraitbüste.

L. Hasselriis
in Kopenhagen.

933. Römisches Kind im Leitband. Statuette in Marmor. †

Robert Henze
in Dresden.

934. Die Trauer. Grabfigur in carrarischem Marmor. †
 In Marmor ausgeführt von Gebrüder Schwarz in Dresden, Elisenstrasse 37.

Ernst Herter
in Berlin, Leipzigerstrasse 134.

935. Eulenspiegel, Statuette in Elfenbeinmasse. †
936. Dr. Eisenbarth, „ „ „ †
937. Portrait-Relief Seiner Excellenz des Justizministers Dr. Friedberg. (Nach dem Leben.)

Ludwig von Hofer
in Stuttgart, Hirschstrasse 30.

938. Raub der Proserpina. †

Heinrich Hoffmeister
in Berlin N.W., Brücken-Allee 36.

939. Amor.
940. Des Hofnarren Mussestunde. †
941. Portraitbüste des Geheimen Legations-Rathes Herrn v. Kusserow. (Bronze.)
942. Portraitbüste.

Anna von Kahle
in Berlin, Behrenstrasse 39.

943. Fräulein Hofmeister. Portraitbüste (Marmor).
944. Fräulein Dohm. „ (Gips).

Max Klein
in Berlin, Johannestisch 6, vom 1. October Yorkstrasse 10.

945. Anachoret. †

B. König,
Professor in Darmstadt.

946. Portraitbüste. (Gips.)

Hermann Kokolsky
in Berlin, Atelier in der Königlichen Kunst-Akademie.

947. Portraitbüste. (Gips.)

J. Kopf
Professor in Rom.

948. Reliefportrait des Prof. Ernst Curtius.

Hans Krüger
in Berlin, Münzstrasse 10.

949. Fritz Reuter. Statuette. †

Gustav Landgrebe
in Berlin, Alvenslebenstrasse 15.

950. Beethoven. Kleine Büste. Eigenthum des Herrn Oscar Paul.

Max Landsberg
in Berlin, Albrechtstrasse 9.

951. Portraitbüste. Hr. Rudolf Denhardt aus Burgsteinfurt.
952. Portraitbüste.
953. Zeichnenkunst. } Reliefs (bronzirter Gips). † Die Originale befinden sich an der
954. Geometrie. } gusseisernen Treppe in der Königl. Realschule in Berlin, Kochstrasse.

Otto Lang
in Rom, Via della Purificazione 29.

955. Büste. (Gips.)

Eduard Lürssen,
Professor in Berlin, Königliche Bau-Akademie.

956. Gegossene Bronzemedaille auf Friedr. Wöhler zu seinem 80. Geburtstag.
957. Votivtafel aus Bronze mit einem Marmor-Relief-Portrait für Friedr. Wöhler in Göttingen.

Harry Manger
in Philadelphia.

958. Marmorfigur, für ein Grab bestimmt. †

Albert Manthe
in Berlin, Alte Jacobstrasse 126.

959. Büste der Frau von L.
960. Portraitbüste.
961. Büste des Herrn Winkler, Geschäftsführers der akademischen Kunst-Ausstellung.

Bildwerke.

Carl Möller,
Professor und Mitglied der Königlichen Akademie der Künste in Berlin, Schönhauser Allee 181, Atelier: Münzstrasse 10.

962. Marmor-Büste der Frau Commerzienräthin D.

Julius Moser
in Berlin, Köthenerstrasse 39.

963. Dr. Rudolph Loewenstein. Portraitbüste.

Paul Müller
in Stuttgart.

964. Relief-Portrait des David Friedr. Strauss, für das Geburtshaus desselben zur Ausführung in Bronze bestimmt. Eigenthum des Comité des Strauss-Denkmals.
965. Die Braut von Corinth, nach Goethe's Gedicht. Zur Ausführung in Marmor bestimmt. †

Franz Ochs jun.
in Berlin, Neue Königstrasse 3.

966. Portraitbüste.

Richard Ohmann,
kl. Med. 1878, in Berlin.

967. Faun und Satyr. †

G. von Otto
in Dresden, Eliasstrasse 1.

968. Der Trompeter von Säckingen. †

Johannes Pfuhl
in Charlottenburg, Fasanenstrasse 7.

969. Tauben fütterndes Mädchen. Marmorfigur. †
970. Weibliche Portraitbüste. (Gips.)

Rudolf Pohle
in Berlin, Kurfürstenstrasse 57.

971. Liebesleid. †

Friedrich Rentsch,
Professor in Dresden, Strehlenerstrasse 43.

972. Ein Brunnenmodell.
Project für den Albertplatz in Dresden.

Friedrich Reusch
in Berlin, Leipzigerstrasse 134.

973. Der Dämon des Dampfes. †
974. Büste Moltke's, von der Minerva bekränzt. Gipsmodell. †

Carl Schlüter
in Dresden, Schweizerstrasse 10b.

975. Eine Portraitbüste in Gips.

Rudolph Schweinitz
in Berlin, Steglitzerstrasse 33.

976. Friedrich Wilhelm, Kronprinz des Deutschen Reiches und von Preussen. Statuette in Bronze mit Postament. †
977. Giovannina. Büste in Marmor. †

Arnold Selbach
in Berlin, Kastanien-Allee 27.

978. Marmorbüste des verstorb. General-Inspectors des Taubstummen-Wesens Herrn Geheimrath Saegert.

Rudolf Siemering,
Professor, Mitglied des Senats der Königlichen Akademie der Künste, kl. Med. 1876, in Berlin, Michaelkirchstrasse 21.

979. „Sieg". Statue in Bronze, für die Reichsbank bestimmt.
980. Büste. (Gips.)

August Sommer
in Rom, Via Porta Pinciana 41.

981. Faun mit Hund. Statuette in Bronze. †

Steiner
in Berlin W., An der Apostelkirche.

982. Portraitbüste (nach der Natur). ⎫ Die Originale im
983. „ (nach dem Tode). ⎭ Besitz des Reiches.
(Beide in Imitation).

Ludwig Tendlau
in Berlin, Frobenstrasse 35.

984. Marmorbüste der Frau B.
985. Portraitmedaillon der Frau M.
986. Reliefmodell des Dichter Hoffmann, nach der Radirung modellirt.

Rudolf Thiele
in München, Sonnenstrasse 3, Atelier: Schillerstrasse 26.

987. Sclavin. Büste. †

Franz Tübbecke
in Stralow bei Berlin, No. 9.

988. Eine Portraitbüste.

Max Unger
in Berlin, Alexandrinenstrasse 50.

989. Paris. Marmorfigur. †

Hermann Volz,
Professor in Karlsruhe.

990. Bronzefigur für das Kriegerdenkmal in Hannover, gegossen von Gladenbeck.

Bildwerke.

Carl Voss,
Professor der Akademie St. Lucca in Rom, Quattro Fontane 152.
991. Amor und Psyche. Marmorgruppe. †

Ernst Wägener
in Berlin, Karlsbad 21.
992. Genrefigur. †

Emil Weigand,
Königlicher Münz-Medailleur in Berlin, Königliche Münze
993. Ein Rahmen, enthaltend verschiedene, meist im Auftrage ausgeführte Medaillen.

Heinrich Weltring
in Berlin, Ziegelstrasse 21.
994. Relief aus dem Concurrenzentwurf zu den Broncethüren am Kölner Dom.
(S. Zeichnungen.)

M. Wiese
in Berlin, Lützowstrasse 11.
995. Portraitbüste des Herrn Geh. Comm.-Rath G.
996. „ „ Herrn Malers A. Schwartz.
997. Editha. Portraitbüste.
998. Ulmer Dogge (Nero). Bronze. †

Albert Wolff,
Professor, Mitglied des Senats der Königlichen Akademie der Künste in Berlin, Münzstrasse 10.
999. „Der Friede". Bronzestatue.
Bestimmt für den Sitzungssaal der Reichsbank. Gegossen in der Werkstatt von Gladenbeck.

Martin Wolff
in Berlin, Münzstrasse 10.
1000. Theseus findet die Waffen seines Vaters. †

Wilh. Wolff,
Professor, Mitglied der Königlichen Akademie der Künste in Berlin,
Belle-Alliancestrasse 74.

1001. Ein Pferd, Brabanter Race. †
1002. Eine Kuh, Holländer Race. †
1003. Ein Eber, Yorkshirer Race. †
1004. Ein Schafbock, Rambouillet-Race. †
Sämmtlich im Auftrage des Ministeriums für Landwirthschaft etc. nach der Natur modellirt und auf dem Werke Lauchhammer in Bronze gegossen.

Ugo Zannoni,
kl. Med. 1874, in Mailand, Via S. Agnese 8.

1005. Der zukünftige Künstler. Marmorstatue. †

V.

Architektur.

Friedrich Adler,
Geheimer Baurath und Professor, Mitglied der Königlichen Akademie der Künste in Berlin, Königgrätzerstrasse 80.

1007. Entwurf zu einem Museum in Olympia auf 5 Blättern.
Grundriss, Façaden, Durchschnitte und Perspective.
1008. Skizze zum Kaiser-Wilhelm-Tunnel auf der Moselbahn. 1 Blatt.
1009. Entwurf zum Neubau des Thurmes der Pfarrkirche zu Pritzwalk, auf 3 Blättern.
Grundrisse, Façade und Perspective.
1010. Entwurf zum National-Denkmal auf dem Niederwald.
2 Perspectiven unter Glas und Rahmen und 1 Blatt Grundriss. (S. Aquarellen.)

Alexander Birt
in Hamburg, Hinter der Landwehr 72.

1011. Ein Concertsaal (im Querschnitt).
In Folge der in Leipzig dieses Jahres ausgeschriebenen Concurrenz zu einem Concerthaus zwar entstanden, doch dort selbsthin nicht zur Ausstellung gesendet worden. Der Saal hat die Form des alten Leipziger Gewandhaus-Concertsaals, den einer Schachtel. Der Schnitt zeigt Foyertreppen und Logen in der Ansicht. Der Saal ist zum grössten Theil aus Holz erbaut gedacht. Der Styl folgt der Schinkel'schen Schule.
1012. Innenansicht eines Gartenpavillons in Hamburg. Längenansicht.
1013. Bilder zu einem Kriegerdenkmal in Elberfeld.
Verherrlichung der Kriege 1864, 66, 70—71. Plastischer Schmuck vom Bildhauer N. Geiger in Berlin.

Gropius & Schmieden
in Berlin auf d. Karlsbad 12/13.

1014. Modell einer Ecke des grossen Mittelraumes im Neubau vom Kunstgewerbe-Museum zu Berlin.
1015. Mit dem ersten Preise gekrönter Concurrenz-Entwurf zu einem Concerthause für Leipzig.
6 Blatt Zeichnungen, worunter ein Aquarell unter Glas und Rahmen.

Aug. Hartel
in Crefeld, Alexanderplatz 5.

1017. Kirche zu Altona.
Concurrenzarbeit II. Preis. Backsteinrohbau, frühgothisch. Nicht zur Ausführung gekommen.
1018. Concerthaus für Leipzig.
Concurrenzarbeit. Backstein und Haustein, Renaissance. Nicht zur Ausführung gekommen.
1019. Kirche zu Bochum.
Concurrenzarbeit I. Preis, wurde dann genau nach dem Concurrenzprojecte ausgeführt. Werksteinausführung, frühgothisch. Wurde in den Jahren 1877—79 ausgeführt. Die Kosten betrugen ca. 500,000 Mark.
1020. Neue Christuskirche in Bochum.
7 Photographieen nach der Natur (nach der Ausführung aufgenommen). 1 Photographie der Gesammtperspective.
1021. Perspective, Seitenansicht und 1 Grundriss eines grossen Concerthauses.

Gustav Hildebrand
in Berlin S.W., Schönebergerstrasse 30.

1022. Museum für Breslau.
Concurrenzproject. 3 Blatt.
1023. Museum für Budapest.
Concurrenzproject. 3 Blatt.

Architektur.

1024. Universität für Leyden.
Concurrenzproject. 5 Blatt.
1025. Kriegerdenkmal für Dortmund.
Concurrenzproject. 1 Blatt.

Hermann v. d. Hude und Julius Hennicke
in Berlin.

1026. 1 Gipsmodell und 1 Tafel mit Zeichnungen darstellend den beabsichtigten Umbau der Neuen-Kirche auf dem Gensd'armen-Markt in Berlin.

Kayser und von Grossheim
in Berlin, Hildebrandtstrasse 9/9a.

1027. Concurrenz-Project „Union-Club". Vorschlag für die Bebauung des in der Axe der Mittelstrasse gelegenen Grundstücks Schadow-Str. No. 9 hierselbst.
Deutsche Renaissance (Kalkstein). Nicht ausgeführt. Bausumme 300,000 Mark. 3 Blatt Zeichnungen, Grundrisse vom Erdgeschoss und ersten Stockwerk, 1 Façade.

Wilhelm Löffler
in Berlin N.W., Kirchstrasse 17.

1028. Kirche für Bielefeld. 2 Blatt.
Concurrenzarbeit. Einschiffige Kreuzkirche mit Vierungsthurm. Frühgothisch, Bruchstein und Sandstein. Nicht zur Ausführung gekommen.

1029. Krieger-Denkmal für Dortmund. 2 Blatt.
Concurrenzarbeit. Thurmartiger Aufbau mit Wasserspeiern, Treppe und begehbarer Galerie. Gothisch, Sandstein. Nicht zur Ausführung gekommen.

1030. Kirche für die Wester-Gemeinde in Altona. 2 Blatt.
Concurrenzarbeit. Einschiffige Kreuzkirche mit Thurm über dem Haupteingange. Frühgothisch, Ziegelstein. Nicht zur Ausführung gekommen.

Ministerium der öffentlichen Arbeiten, Abtheilung für das Bauwesen

in Berlin W., Wilhelmstrasse 80.

1031. Kirche zu Hoff.
„ „ Groschowitz } auf 7 Blatt Zeichnungen.
„ „ Walzen
Die Entwürfe sind in amtlicher Veranlassung für die Ausführung bearbeitet worden. Rundbogen-Styl ohne Anwendung von Formsteinen. Ziegelrohbau. Theils ausgeführt, theils in der Ausführung begriffen. Die Kosten belaufen sich auf 43,000 Mk. für Hoff und 112,000 Mk. für Groschowitz.

1032. Kirche zu Eydtkuhnen
„ „ Schönwald } auf 11 Blatt Zeichnungen.
„ „ Wieck
In amtlicher Veranlassung für die Bauausführung bearbeitet. Rund- und spitzbogiger Backsteinstyl. Theils in der Ausführung begriffen, theils für dieselbe vorbereitet.

1033. Joachimthal'sches Gymnasium. 3 Blatt Zeichnungen.
In amtlicher Veranlassung für die Bauausführung bearbeitet. Das Gebäude liegt im westlichsten Theil Berlins, in der Nähe von Wilmersdorf, und enthält ausser den Gymnasialräumen ein Alumnat. Hellenische Renaissance. Backstein und Sandstein. Ist bereits ausgeführt. Die Gesammtkosten sind auf 3 Millionen Mark veranschlagt.

1034. Kirche für Dudweiler im Regierungs-Bezirk Trier. 3 Blatt Zeichnungen.
Der Entwurf ist in amtlicher Veranlassung für die Ausführung bearbeitet worden. Dreichörige Anlage mit Westthurm. Gothischer Styl. Sandstein. In der Ausführung begriffen. Kosten ca. 132,000 Mark.

1035. Aulagebäude für die Landesschule Pforta. 5 Blatt Zeichnungen.
Aus amtlicher Veranlassung für die Ausführung bearbeitet. Der Bau dient zur Erweiterung des schon bestehenden Gymnasial-Gebäudes und enthält die Aula und Sammlungsräume. Gothischer Styl. Kalkstein. Ist ausgeführt. Die Kosten haben betragen 197,000 Mark.

1036. Kanzel für die Wiesenkirche in Soest. 1 Blatt.
In amtlicher Veranlassung für die Ausführung bearbeitet. Die Kanzel lehnt sich an einen Kirchenpfeiler an. Gothischer Styl. Sandstein und Eichenholz. In der Ausführung begriffen. Kosten ca. 8000 Mark.

Architektur. 95

1037. Geschäftsgebäude für das Landgericht zu Dortmund.
4 Blatt Zeichnungen.

In amtlicher Veranlassung enstanden und für die Ausführung bestimmt. Das Gebäude liegt in dem neuen Stadttheile von Dortmund. Das Gebäude ist in den Formen hellenischer Renaissance entworfen und wird als Verblendziegelbau mit Sandsteindetails ausgeführt. Das Gebäude ist in der Ausführung begriffen und sind die Kosten auf 480,000 Mark veranschlagt.

1038. Dikasterial-Gebäude für Danzig. 6 Blatt Zeichnungen.

Der Entwurf ist in amtlicher Veranlassung entstanden und liegt der Ausführung zu Grunde. Das Gebäude vor dem Hohen Thor an der Strasse Neugarten gelegen, enthält die Geschäftsräume für die Regierung, sowie die Wohn- und Repräsentations-Räume für den Ober-Präsidenten. Das Gebäude ist in den für Danzig charakteristischen Formen deutscher Renaissance entworfen. Als Material sind für die Façaden Verblendziegel und Sandstein verwandt. Das Gebäude ist in der Ausführung begriffen und sind die Kosten auf 1,400,000 Mark veranschlagt.

1039. Geschäftsgebäude für die Gerichte und die Regierung zu Cassel. 1 eingerahmtes Bild, 1 gr. Carton und 4 Blatt Zeichnungen.

Der Entwurf ist auf Veranlassung und nach dem Programm des Herrn Justiz-Ministers ausgearbeitet worden und ist die Ausführung nahezu beendigt. Das Gebäude ist auf den Fundamenten der alten Kattenburg errichtet und liegt auf allen 4 Seiten frei. Es enthält die Geschäftsräume für die Casseler Gerichte, sowie für die Regierung mit verschiedenen Audienz- und Sitzungssälen. Das Gebäude ist in hellenischer Renaissance entworfen; als Material für die Flächen sind Verblendziegel, für die architectonischen Details ist Haustein verwendet worden. Die Baukosten sind auf 3,640,000 Mark veranschlagt.

Johannes Otzen,

kl. Med. 1877, Baumeister und Professor an der Königlich Technischen Hochschule in Berlin, Thurmstrasse 2.

1040. Modell der Kirche zum Heiligen-Kreuz auf dem Johannestisch zu Berlin.
2 Blatt Durchschnitte dazu.

1041. Perspective des Krieger-Denkmals für Thorn.
Geometrische Ansicht dazu.

1042. Modell eines Grabdenkmals für die Familie von Zimmermann in Chemnitz.

Architektur.

Julius Carl Raschdorff,
Professor und Baurath, kl. Med. 1878, in Berlin, Rothes Schloss 2. II.
1043. 6 Blatt Entwürfe zum Postgebäude in Braunschweig.

Otto Rathey
in Steglitz bei Berlin, Albrechtstrasse 132.
1044. 1 Perspective } Museum Breslau. 2 Blatt Zeichnungen.
1 Grundriss

V. Statz,
Baurath und Dombaumeister vom Linzer Dom, in Köln.
1045. 28 Blatt Zeichnungen.
3 Pausen auf Leinwand von dem Linzer Dome. Die Original-Zeichnungen hiervon liegen in der Dombauhütte zu Linz und werden nie versandt.

Paul Schuster
in Klein-Zschachwitz bei Dresden.
1046. Concurrenzproject zu einem Clubhause. Architektonische Concurrenz für ein Reisestipendium an der Königlich sächsichen Kunstakademie zu Dresden.
Bestehend aus:
2 Blatt Grundrisse, 2 Blatt Durchschnitte, 1 Blatt Façade und 2 Blatt Innendekoration.

Johannes Vollmer
in Lichterfelde bei Berlin, Gartenstrasse 2.
1047. Entwurf zur Kirche vor dem Dammthor in Hamburg.
Perspective, Grundriss und Längenschnitt.